"十二五"国家重点图书出版规划项目

中国企业行为治理研究丛书

U0750016

运 营 管 理 卷

供应链质量控制及契约协调机制研究

肖 迪 著

浙江工商大学出版社
ZHEJIANG GONGSHANG UNIVERSITY PRESS

图书在版编目(CIP)数据

供应链质量控制及契约协调机制研究 / 肖迪著.
—杭州：浙江工商大学出版社，2016.12
（中国企业行为治理研究丛书）
ISBN 978-7-5178-1963-9

Ⅰ. ①供… Ⅱ. ①肖… Ⅲ. ①供应链管理—研究
Ⅳ. ①F252.1

中国版本图书馆 CIP 数据核字(2016)第 317601 号

供应链质量控制及契约协调机制研究
肖 迪 著

责任编辑	谭娟娟	汪 浩
封面设计	林朦朦	
责任印制	包建辉	
出版发行	浙江工商大学出版社	
	（杭州市教工路 198 号 邮政编码 310012）	
	（E-mail:zjgsupress@163.com）	
	（网址:http://www.zjgsupress.com）	
	电话:0571-88904980,88831806（传真）	
排 版	杭州朝曦图文设计有限公司	
印 刷	杭州五象印务有限公司	
开 本	710mm×1000mm 1/16	
印 张	12.75	
字 数	200 千	
版 印 次	2016 年 12 月第 1 版 2016 年 12 月第 1 次印刷	
书 号	ISBN 978-7-5178-1963-9	
定 价	35.00 元	

本著作是以下项目资助成果：

◎ 浙江省哲学社会科学基金项目（之江青年）"竞争情境下集群企业供应链整合及契约协调机制研究——以浙江省为例"（编号13ZJQN058YB）

◎ 国家自然科学基金青年项目"竞争环境下考虑质量议题的供应链运作及契约协调机制研究"（编号70902072）

◎ 浙江省一流学科（A类）（浙江工商大学管理学科）资助

总　序

　　企业是社会发展的产物,随着社会分工的开展而成长壮大。作为现代经济中的基本单位,企业行为既是微观经济的产物,又是宏观调控的结果。就某种意义而言,企业行为模式可被看成整个经济体制模式的标志。

　　从社会学的研究来看,人类社会就是一部社会变迁的进步史,社会变迁是一个缓慢的过程,而转型就是社会变迁当中的"惊险一跳",意味着从原有的发展轨道进入新的发展轨道。三十多年来,我们国家对外开放、对内改革,实质上就是一个社会转型的过程。这一时期,从经济主体的构成到整个经济社会的制度环境都发生了巨大变迁,而国际环境也经历着过山车般的大起大落。"十一五"末期国际金融海啸来袭,经济急速下滑,市场激烈震荡,危机对中国经济、中国企业的影响至今犹存。因此,国家将"十二五"的基调定为社会转型。这无疑给管理学的研究提供了异常丰富的素材,同时也给管理学研究者平添了十足的压力。

　　作为承载管理学教学和科研任务的高校,如何在变革的时代有效地发挥自身的价值,以传授知识和培养人才为途径,传递学者对时代呼唤的响应,是一个非常值得思考的论题。这个论题关系到如何把握新经济环境下企业行为的规律,联系产业特征、地域特点,立足当下,着眼未来,为企业运营、政府决策提供有力的支持。

　　在国际化竞争和较量的进程中,中国经济逐渐显现出一种新观念、新技术和新体制相结合的经济转型模式。这种经济转型模式不仅是中国现代经济增长的主要动力,而且将改变人们的生产方式和生活方式,企业则是这一过程的参与者、推动者和促成者。因此,企业首先成为我们管理学研究者最为关注的焦点。在经济社会重大转型这一背景之下，一方面由于企业内部某种机理的紊乱，以及转轨时期企业目标的交叉连环性和多元性，另一方面由于外部环境的不合理作用，所以企业行为纷繁复杂，既有能对经济社会产生强劲推动作用的长远眼光，也存在破坏经济社会可持续发展的短视行为。随着经济和社会的进步，企业不仅要对营利负责，而且要对环境负责，并需要承担相应的社会责任。总体而言，中国企业在发展中面临许多新问题、新矛盾，部分企业还出现生产经营困难，这些都是转型升级过程中必然出现的现象。

"转型"大师拉里·博西迪和拉姆·查兰曾言："到了彻底改变企业思维的时候了，要么转型，要么破产。"企业是否主动预见未来，实行战略转型，分析、预见和控制转型风险，对于转型能否成功至关重要。如果一个企业想在它的领域中有效地发挥作用，行为治理可以涉及该企业将面临的更多问题；而如果企业想要达到长期目标，行为治理可以为其提供总体方向上的建议。在管理学研究领域，行为治理虽然是一个全新的概念，却提供了一个在新经济环境下基于宏观、中观、微观全视角来研究企业行为的良好开端。

现代公司制度特指市场经济中的企业法人制度，其特点是企业的资产所有权与资产控制权、经营决策权、经济活动的组织管理权相分离。于公司治理而言，其治理结构、方式等的选择和演化不仅受到自身条件的约束，同时还受到政治、经济、法律和文化等外部制度环境的影响。根据North(1990)的研究，相互依赖的制度会构成制度结构或制度矩阵，这些制度结构具有网络外部性，并产生大量的递增报酬。这使得任何想改善公司治理的努力都会受到其他制度的约束，使得公司治理产生路径依赖。在这种情况下，要想打破路径依赖，优化治理结构，从制度设计角度出发进行行为治理，便是一个很好的思路。

此外，党的十八届四中全会提出"实现立法和改革决策相衔接，做到重大改革于法有据，立法主动适应改革和经济社会发展需要"的精神，而《中华人民共和国促进科技成果转化法修正案(草案)》的通过，则使促进科技创新的制度红利得到依法释放。我国"十二五"科学和技术发展规划中明确指出,要把科研攻关与市场开放紧密结合,推动技术与资本等要素的结合,引导资本市场和社会投资更加重视投向科技成果转化和产业化。新时期科技创新始于技术,成于资本,以产业发展为导向的科技创新需要科技资源、企业资源与金融资源的有机结合。因此如何通过有效的企业行为治理,将各方资源进行有效整合,则成为促进科学技术向第一生产力转化所面临的新命题。

由上述分析可以发现,无论是从制度、科技、创新角度,还是从公司治理、企业转型角度出发,企业的目标都是可持续的生存和发展,而战略则成为企业实现这一目标的有效途径。战略强调企业与环境的互动,如何通过把握新时期、新环境来制订和执行有效的战略决策以获取竞争优势,则成为企业在新经济环境下应担起的艰巨任务。另外,企业制订发展战略的同时应当寻找能为企业和社会创造共享价值的机会,包括价值链上的创新和竞争环境的投资,即做到企业社会责任支持企业目标。履行战略型企业社会责任不只是做一个良好的企业公民,也不只是减轻价值链活动所造成的不利社会影响,而且要推出一些能产生显著而独特的社会效益和企业效益的重大举措。

浙江工商大学工商管理学院(简称"管理学院")是浙江工商大学历史最长、规模较大的一个学院。其前身是 1978 年成立的企业管理系,2001年改设工商管理学院。学院拥有工商管理博士后流动站和工商管理一级学科博士点,其学科基础主要是企业管理,该学科 1996 年成为原国内贸易部重点学科,1999 年后一直是浙江省重点学科,2006 年被评为浙江省高校人文社科重点研究基地,2012 年升级为工商管理一级学科人文社科重点研究基地。该研究基地始终围绕"组织、战略、创新"三个最具企业发展特征的领域加以研究,形成了较为丰硕的成果。本套丛书正是其中的代表。

经过多年的理论研究和实践尝试,我们认为中国企业经历了改革开放后三十多年的高速发展,已然形成自身的行为体系和价值系统,但是在国际环境的复杂多变及国内改革步入全面深化攻坚阶段的特殊历史背景下,如何形成系统的行为治理框架将直接决定中国企业可持续发展能力塑造及核心竞争力的形成。

本套丛书以中国企业行为治理机制为核心,分"公司治理卷""转型升级卷""组织伦理卷""战略联盟卷""社会责任卷""领导行为卷""运营管理卷"七卷,从各个视角详细阐述中国企业行为治理的理论前沿及现实问题,首次对中国企业行为治理的发展做了全面、客观的梳理。丛书内容上涵盖了中国企业行为的主要领域,其中涉及战略、组织、人力、创新、国际化、转型升级等宏观、中观、微观层次,系统完备;所有的分卷都是所属学科的最前沿研究主题,反映了国内外最新的发展动态,立足学术前沿;所有分卷的作者均具有博士学位,是名副其实的博士文集,其中包括该领域国内外知名的专家和学者;所有分卷的内容都是国家自然科学基金、国家社科基金及教育部基金的资助项目,体现了较强的权威性,符合国家科研发展方向。

本套丛书既是我们对中国企业行为治理领域相关成果的总结,也是对该领域未来发展方向探索的一次尝试。如果本套丛书能为国内外相关领域理论研究与实践探索的专家和学者提供一些基础性、建设性的意见和建议,就是我们最大的收获。

"谦逊而执着,谦恭而无畏",既是第五级管理者的特质,也是我们从事学术研究的座右铭。愿中国企业行为治理研究能够真正实现"顶天立地、福泽万民"!

郝云宏

浙江工商大学工商管理学院院长　教授　博导

2014 年 11 月 15 日于钱塘江畔

前　言

　　近年来,很多知名企业,如三星、丰田、苏泊尔、来伊份、双汇等纷纷陷入"质量门",这让人感到困惑。这些企业的管理方式都较为先进,可为什么都在质量问题上栽了跟头呢? 通过对诸多案例的深入分析,我们发现,企业的质量控制表面上是内部管理问题,但在日益汹涌的外包浪潮冲击下,它实际上早已超出了企业的边界,上述企业的质量问题均与供应链质量管理不善密切相关。值得注意的是,随着全球经济一体化进程的加快,供应链的复杂性和分散性会进一步加剧,企业将面临更加严峻的供应链质量控制难题。因此,如何以较低的成本形成高水平的供应链质量控制和协调机制成了学界关注的热点问题。也就是说,供应链上的核心企业必须协调供应链成员的质量管理策略才能较好地控制最终产品的质量。正是基于上述思考,笔者近年来一直专注于供应链质量管理领域,研究在不同的供应链权力结构和行业情境下,供应链的成员企业进行质量管理决策的行为及协调策略,以及供应链的核心企业如何运用契约更好地激励供应链伙伴提升质量努力,最终以较低的成本达到较高的产品质量水平。

　　为解开心头的疑惑,近年来笔者阅读了国内外供应链质量管理领域的大量文献,对前人的研究成果进行了系统总结,并在此基础上进行了丰富和拓展。在研究过程中,笔者主持了国家自然科学基金青年项目"竞争环境下考虑质量议题的供应链运作及契约协调机制研究"(70902072)和浙江省哲学社会科学基金项目(之江青年)"竞争情境下集群企业供应链整合及契约协调机制研究——以浙江省为例"(13ZJQN058YB),本书也得到了上述项目资金的大力资助,是上述项目的研究成果。本书各章的撰稿人是:第一章,肖迪;第二章,肖迪;第三章,肖迪、谭娟娟;第四章,肖迪;第五章,肖迪;第六章,肖迪、谭娟娟;第七章,肖迪、戴伟;第八章,肖迪;第九章,肖迪。全书由肖迪统一设计和修改定稿。

供应链质量管理是企业质量管理未来发展的趋势,但其理论与实践均处在探索阶段,并没有形成较为成熟的理论框架,还存在诸多未解的难题。本书讨论了供应链质量管理中的一些议题,如供应链的核心企业如何协调供应链成员的质量管理行为,竞争、政府行为、电子商务环境对供应链成员的质量管理行为有什么影响,但这些内容也只是涉及了供应链质量管理中的一小部分,难免挂一漏万。此外,供应链成员间的互动行为较为复杂,因笔者能力有限,在模型建立过程中的一些假设和讨论也与现实有一定差距,希望各位读者能够不吝赐教。

本书付梓得到了很多老师、亲朋好友的帮忙。在此,感谢郝云宏教授、李靖华教授、吴波教授、曲亮教授、包兴副教授等提出的建设性意见,感谢我的母亲冯茜在我研究过程中给予的无私关怀和付出,感谢我的夫人李慧辉在我面对困难时给予的鼓励、安慰、理解和支持,感谢谭娟娟、戴伟、袁敬霞、汪彪、刘新华、侯书勤和郑麒棋等同学在我研究过程中给予的支持,最后还要感谢浙江工商大学出版社编辑们的辛勤劳动。

Preface

In recent years, it has puzzed people that quantities of well-known companies, for instance, Samsung, Toyota, Supor, Laiyifen, Shuanghui and so on, trapped in "Quality problem" one after another. Why are those companies equipped with advanced management methods burdened with quality problems? After deep analyses of lots of cases, we find that, the quality control of enterprise seems owing to internal management issues on surface, however, under the impact of the more turbulent waves of outsourcing, actually, the problems have been beyond the scope of company, all the issues discussed above are linked with the undistinguished quality management of supply chain. It is worthy of attention that, with the acceleration of global economic integration, the complexity and dispersibility of supply chain will aggravate, firms will be faced with more rigorous supply chain quality control problems. Therefore, how to achieve a high level of quality control and supply chain coordination mechanism at a lower cost becomes the hot topic in academic circle. That's to say, if core enterprises on the supply chain want to control the quality of the final products, they must coordinate the quality management strategy of supply chain members. Based on the consideration above, the author has kept to focus on supply chain quality management, studying the behavior and coordination strategy of the supply chain member enterprises under the situations of different supply chain power structures and industry regulations, the members of the supply chain enterprise quality management decision-making behavior and coordination strategy, and how to better use contracts for the core enterprise of supply chain to stimulate supply chain partners who should promote their quality improvement efforts, and eventually the enterprises can make deals at a lower cost to achieve a higher level of product quality.

To remove doubts, the author has read quantities of texts involving supply chain management quality in domestic and abroad, summarizing and extending outcomes of previous researchers systematically and enriching and extending outcomes based on that. During the research, the author held Natural Science Foundation of China Project—Research on supply chain operation and contract coordination mechanism considering quality issue in competitive environment(70902072) and Philosophy and Social Science Foundation of Zhejiang Province—Research on supply chain integration and contract coordination mechanism of cluster enterprises under competitive situation—a case study of Zhejiang province (13ZJQN058YB), this book is funded by the project financing listed above, and is also the research achievement of those projects. Copywriters of this article are as follows: Chapter 1 by Xiao Di; Chapter 2 by Xiao Di; Chapter 3 by Xiao Di and Tan Juanjuan; Chapter 4 by Xiao Di; Chapter 5 by Xiao Di; Chapter 6 by Xiao Di and Tan Juanjuan; Chapter 7 by Xiao Di and Dai Wei; Chapter 8 by Xiao Di; Chapter 9 by Xiao Di. The whole book is designed and modified by Xiao Di.

Supply chain quality management is the development trend of the future enterprise quality management, however, its theory and practice are still in the exploratory stage and a mature theoretical framework has not yet formed, and there exist a lot of hard problems unresolved. This book discussed some issues concerned with supply chain quality management, for example, how the core firms of supply chain coordinate the quality management behavior of supply chain members, what influence will competition, government actions and electronic commerce environment bring to supply chain members' quality management behavior. However, all listed above are just a small part of the supply chain quality management in case of counting one tree and ignoring a forest. In addition, the mutual behaviors between supply chain members are too complex, which leads to a little difference between hypothesis and fact discussed during the process of establishing models. The author hopes that all of you could be generous with your criticism.

The publishing of this book got help from many teachers, relatives and friends. Here, Thanks to Professor Hao Yunhong, Professor Li Jinghua, Professor Wu Bo, Professor Qu Liang, Associate Professor Bao Xing and so on for giving constructive suggestions. Thanks to my mother Feng Qian for giving me selflessness care and pay, thanking my wife Li Huihui for giving me encouragement, comfort, understanding and support when I confront with difficulties. Thanks to Tan Juanjuan, Dai Wei, Yuan Jingxia, Wang Biao, Liu Xinhua, Hou Shuqin, Zheng Qiqi such students for giving me support during the research. Finally, Thanks to the editors of ZheJiang Gongshang University Press for their hard work.

目　录

第1章　绪　论

1.1　研究背景 / 001

1.2　研究意义 / 003

1.3　本书的主要内容与组织结构 / 004

1.4　研究创新 / 007

1.5　本书数学符号及用语的说明 / 009

第2章　供应链质量管理的研究现状及方法

2.1　供应链质量管理概念模型 / 010

2.2　供应链库存质量控制机制 / 014

2.3　供应商质量控制机制 / 020

2.4　供应链质量管理的契约协调机制 / 022

2.5　质量成本与质量水平 / 035

2.6　分行业的供应链质量控制机制 / 035

2.7　文献述评 / 036

第3章　上游厂商作为领导者的供应链质量协调机制

3.1　考虑损失厌恶的供应链质量及库存决策机制/ 038

3.2　基于收益共享契约的质量协调策略/ 047

第4章　下游厂商作为领导者的供应链质量协调机制

4.1　基于收益共享契约的契约协调机制/ 054

4.2　决策者过度自信视角下的供应链质量协调机制 / 066

4.3　基于关系契约的供应链质量成本分担策略 / 077

4.4　质量协调及控制机制的补充讨论/ 088

第 5 章 **竞争环境下的供应链质量协调机制**

5.1　需求确定的供应链质量协调机制/ 091

5.2　需求不确定的供应链质量协调机制/ 103

5.3　竞争对供应链产品质量影响的进一步讨论/ 108

第 6 章 **考虑政府监管的供应链质量控制机制**

6.1　问题提出/ 111

6.2　模型描述/ 112

6.3　数值分析/ 117

6.4　补充讨论/ 119

第 7 章 **电子商务环境下的供应链质量控制机制**

7.1　模型描述/ 121

7.2　模型求解/ 124

7.3　数值分析/ 129

7.4　结　论/ 132

第 8 章 **供应链质量管理案例研究**

8.1　基于供应链视角的"三鹿事件"分析/ 134

8.2　丰田供应链质量管理的经验与教训/ 148

8.3　京东的电商供应链质量管理策略/ 155

第 9 章 **全文总结及展望**

9.1　全文总结/ 159

9.2　研究展望/ 161

参考文献/ 163

Contents

Chapter 1 Introduction

    1. 1   Research Background / 001

    1. 2   Research Significance / 003

    1. 3   Research Contents and Structure / 004

    1. 4   Research Innovations / 007

    1. 5   Illustration on Mathematical Notations and Terms / 009

Chapter 2 Research Situation and Methods of Supply Chain Quality Management

    2. 1   The Concept Model of Supply Chain Quality Management / 010

    2. 2   Supply Chain Inventory Quality Control Mechanism / 014

    2. 3   Supplier Quality Control Mechanism / 020

    2. 4   Contract Coordination Mechanism of Supply Chain Quality Management / 022

    2. 5   Quality Cost and Quality Level / 035

    2. 6   Quality Control Mechanism of Supply Chain in Different Industries / 035

    2. 7   Literature Review / 036

Chapter 3 | **The Supply Chain Quality Coordination Mechanism as the Leader of the Upstream Manufacturers**

3. 1　Consideration of the Supply Chain Quality and Inventory Decision Mechanism of Loss Aversion / 038

3. 2　Quality Coordination Strategy Based on Revenue Sharing Contract / 047

Chapter 4 | **The Supply Chain Quality Coordination Mechanism as the Leader of the Downstream Firms**

4. 1　Contract Coordination Mechanism Based on Revenue Sharing Contract / 054

4. 2　The Supply Chain Quality Coordination Mechanism from the Perspective of Decision Maker's over Confidence / 066

4. 3　Supply Chain Quality Cost Sharing Strategy Based on Relational Contract / 077

4. 4　Complementary Discussion on the Quality Control and Coordination Mechanism / 088

Chapter 5 | **Quality Coordination Mechanism of Supply Chain under Competitive Environment**

5. 1　Supply Chain Quality Coordination Mechanism of Stable Demand / 091

5. 2　Supply Chain Quality Coordination Mechanism of Unstable Demand / 103

5. 3　Further Discussion on the Effect of Competition on the Quality of Supply Chain / 108

Chapter 6   **Consideration of the Supply Chain Quality under Government's Control**

6. 1   Putting Forward Question / 111

6. 2   Model Description / 112

6. 3   Numerical Analysis / 117

6. 4   Additional Discussion / 119

Chapter 7   **The Quality Control Mechanism in the Electronic Commerce Environment**

7. 1   Model Description / 121

7. 2   Solving Model / 124

7. 3   Numerical Analysis / 129

7. 4   Conclusions / 132

Chapter 8   **Case Study on Supply China Quality Management**

8. 1   "Sanlu Event" Analysis from the Perspective of Supply Chain / 134

8. 2   Experience and Lesson on Supply Chain Quality Management of Toyota / 148

8. 3   JD's Strategy of Suppy Chain Quality Management / 155

Chapter 9   **Full Text Summary and Prospect**

9. 1   Full Text Summary / 159

9. 2   Research Rrospects / 161

Reference / 163

图目录

图 1-1　本书的组织结构 ……………………………… 007

图 3-1　成员决策时序 ………………………………… 040

图 3-2　损失厌恶程度对决策变动的影响 …………… 045

图 3-3　损失厌恶程度对利润变动的影响 …………… 046

图 3-4　以供应商为主导的供应链质量协调策略 …… 048

图 3-5　质量努力成本参数对质量努力水平的影响 … 052

图 4-1　供应链成员决策时序 ………………………… 059

图 4-2　非合作时的均衡解 …………………………… 062

图 4-3　γ 对 θ 及 η 的影响 …………………………… 064

图 4-4　k 对供应链成员利润的影响 ………………… 064

图 4-5　不同模式下 α 对质量投资、库存的影响 …… 073

图 4-6　RMI 模式下 k,α 对 i 的变动影响 ………… 074

图 4-7　不同模式下决策个体利润变化 ……………… 075

图 4-8　不同模式下 α 对总体利润的影响 ………… 076

图 5-1　存在质量和价格竞争的二级供应链 ………… 093

图 5-2　不同情境下 γ_p 对总利润的影响 …………… 100

图 5-3　不同情境下 γ_p 对质量努力的影响 ……… 100

图 5-4　不同情境下 γ_e 对总利润的影响 …………… 101

图 5-5　不同情境下 γ_e 对质量努力的影响 ……… 102

图 5-6　竞争情境下供应链模式 ……………………… 103

图 6-1　质量努力成本参数对政府及企业收益的影响 ……… 118

图 6-2　市场需求受质量努力水平的影响程度对收益的影响 ……… 118

图 7-1　以供应商为主导的二级市场模型 …………… 122

图 7-2　以零售商为主导的二级市场模型 ……………………… 123

图 7-3　供应商为主导的电子市场 …………………………………… 125

图 7-4　零售商为主导的电子市场 …………………………………… 128

图 7-5　供应链利润① ………………………………………………… 129

图 7-6　供应链利润② ………………………………………………… 130

图 8-1　乳制品供应链 ………………………………………………… 138

图 8-2　"三鹿事件"发生的逻辑 …………………………………… 144

Figure Contents

Figure 1-1   Research Structure ·· 007

Figure 3-1   Decision Sequence ··· 040

Figure 3-2   The Influence of Loss Aversion of Changes to the Decision
·· 045

Figure 3-3   The Influence of Loss Aversion of Fluctuant to Profit
·· 046

Figure 3-4   The Quality of Supply Chain Coordination Strategy Domin-
ated by the Supplier ·· 048

Figure 3-5   The Impact of the Quality Effort Costs to the Level of the
Quality Efforts ·· 052

Figure 4-1   Decision-Making Process in Supply Chain ·············· 059

Figure 4-2   The Equilibrium Solutions about Non-Cooperation ··· 062

Figure 4-3   The Influence of γ on θ and η ····························· 064

Figure 4-4   The Influence of k on the Profit of the Supply Chain members
·· 064

Figure 4-5   Effects of α on Quality Investment and Inventory under
Different Scenarios ··· 073

Figure 4-6   Effects of k, α on i in RMI Mode ·························· 074

Figure 4-7   The Changes of Individual Decision of the Profits under
Different Scenarios ··· 075

Figure 4-8   Effects of α on the Total Profit under Different Scenarios
·· 076

Figure 5-1　The Quality and Price Competition in Supply Chain 093

Figure 5-2　The Effect of γ_p on the Total Profit under Different Scenarios 100

Figure 5-3　The Effect of γ_p on Quality under Different Scenarios 100

Figure 5-4　The Effect of γ_e on the Total Profit under Different Scenarios 101

Figure 5-5　The Effect of γ_e on Quality under Different Scenarios 102

Figure 5-6　Supply Chain under Competitive Situation 103

Figure 6-1　The Impact of Quality Effort Cost on Government and Enterprise Revenue 118

Figure 6-2　The Influence of the Market Demand Level by Quality Effort to the Impact of Income 118

Figure 7-1　The Secondary Market Model Dominated by Suppliers 122

Figure 7-2　The Secondary Market Model Dominated by Retailers 123

Figure 7-3　Supplier-Led Electronic Markets 125

Figure 7-4　Retailer-Led Electronic Markets 128

Figure 7-5　Supply Chain Profit ① 129

Figure 7-6　Supply Chain Profit ② 130

Figure 8-1　Supply Chain of Dairy Product 138

Figure 8-2　The Logic of "Sanlu Event" 144

表目录

表 3-1　质量努力成本参数对不同模式下成员利润的影响 ………… 053

表 4-1　γ 对不同情境下供应链成员及总利润的影响 ……………… 063

表 4-2　不同库存管理模式下的均衡解比较 ………………………… 071

表 5-1　不同情境下的均衡解比较 …………………………………… 098

表 5-2　供应商合作(SC)与非合作(NC)情境下的均衡比较 ……… 099

表 5-3　不同模式下的订购水平 ……………………………………… 107

表 7-1　质量努力契约中不承诺价格 ………………………………… 130

表 7-2　质量努力契约中承诺价格 …………………………………… 131

表 7-3　承诺价格对供应链的影响 …………………………………… 131

Table Contents

Table 3-1 The Impact of Quality Effort Cost on the Member Profit under Different Scenarios ·································· 053

Table 4-1 The Impact of γ on the Member Profit and the Total Profit under Different Scenarios ································· 063

Table 4-2 Comparison of Different Equilibrium Solution of the Inventory Management Mode ································· 071

Table 5-1 Comparison of Equilibrium Solution under Different Scenarios ································· 098

Table 5-2 Equilibrium Comparison Between SC and NC Scenarios ································· 099

Table 5-3 Ordering Level under Different Scenarios ················ 107

Table 7-1 Noncommitment to Quality Effort in the Contract Price ································· 130

Table 7-2 Commitment to Quality Effort in the Contract Price ································· 131

Table 7-3 The Influence of Commitment to the Price of Supply Chain ································· 131

第1章 绪 论

1.1 研究背景

早在 1994 年,美国著名的质量管理专家朱兰博士就曾预言:"20 世纪以'生产力的世纪'载入史册,未来的 21 世纪是'质量的世纪'。"卖方市场到买方市场的巨大转变使得产品质量成为企业的生命线,正如华硕总经理徐世明所说:"全世界没一个质量差、光靠价格便宜的产品能够长久地存活下来!"质量的好坏不仅是关系企业生与死的问题,同时是维护顾客忠诚度的重要保证,也是企业长远发展的力量源泉。为了大幅提升产品质量水平,专家学者提出了众多卓有成效的质量管理方法,如全面质量管理、六西格玛质量管理等,在此期间,戴明、朱兰、阿曼德·费根堡姆和菲利普·克劳士比等质量管理大师不断涌现。与此同时,在质量管理实践方面,惠普、摩托罗拉、强生、汉高等一大批企业表现卓越。

经典的质量管理理论大多关注的是企业内部质量管理水平的提升,这在企业间联系不太紧密的情况下是适用的,企业可以通过严格的内部质量控制确保销售给顾客的产品拥有较高的质量。但是,在世界经济飞速发展、全球经济一体化进程不断加快、企业间的协作日益紧密的今天,仅仅关注企业内部质量管理水平的提升还足够吗?《纽约时报》的著名专栏作家托马斯·弗里德曼在其《世界是平的》一书中指出:全球化 3.0 时代,世界是平的。这意味着在今天这样一个由强大的信息技术所编织起来的方便、紧密、近距离的互联世界中,各国的资金、技术、劳动力及产品在全球范围内能够更加自由地交换与流通。在微观经济层面,跨国公司作为国际贸易的主要参与者,不仅推动了经济全球化的进程,带来了日益激烈的国际竞争,同时也促进了国际分工与跨国合作,使得业务外包与劳务派遣得到了迅速发展,此时供应链的链条已经跨越国界形成全球供应链,供应链竞争的时代已经到来。因此,仅仅局限于企业内部进行质量改进的传统做法已经变得不合时宜。

供应链产品质量形成是一个系统工程,涉及供应链上的原材料提供、零部件生产、半成品加工、产成品分销及物流配送等众多企业;而一个企业的产品质量又由其研发设计、物资采购、生产制造和售后支持等所有部门的质量共同决定;再具体到企业内部特定部门,如要求产品制造质量精湛,则必须在铸造工序、冲压工序、焊接工序和装配工序等各个环节上精益求精。在这个庞大而复杂的供应链质量形成系统中,每个企业、每个部门乃至每道工序的质量并非独立存在,而是密切相关的。因此,纵然供应链核心企业的内部质量管理出类拔萃,倘若其供应商所提供的零部件存在瑕疵,则供应链产成品的质量也不可能完美,2009 年发生的美的"质量门"就是典型的案例。美的紫砂煲由美的日用家电集团下属生活电器事业部生产,事业部产品包括电饭煲、电磁炉、饮水机、电水壶、净水设备、电火锅、慢炖锅和油炸锅等几十种,年产各类电器超过 5 000 万台,销售总规模达 50 亿元。紫砂煲属于美的慢炖锅系列的一个分支,产品主要由内胆和加热电器两部分构成,其中内胆主要由湖南怀化的"国泰"和广东潮州的"金航"两家瓷业供应商提供。而各大卖场销售人员所宣称的"养生紫砂煲"内胆就是上述供应商用来自广东、广西、云南、贵州等地的普通田泥加上各种调色化工原料混合烧制而成,产品中根本不含江苏宜兴的紫砂矿土。整个事件中,供应链层层外包、原料商制假售假、销售环节虚假宣传让美的打造多年的紫砂煲品牌毁于一旦。(王洁,2010)

越来越多的企业开始意识到,产品的质量水平不再仅仅取决于供应链上的某一家企业,而是由供应链中的成员企业共同决定的。因此,如何建立上下游厂商之间互惠互利的合作关系,进而通过协同运作的方式以较低的质量成本实现供应链整体质量的提升就成了当代企业必须要解决的难题。供应链管理作为一种跨组织的运营理念,通过对上下游厂商的战略和流程进行集成和管理,使得供应链上的企业能够获取最佳的经营绩效,这实际上为解决单个企业质量管理的局限性问题提供了有效的工具和手段。近年来,学界开始越来越多地从供应链的视角探讨质量管理问题。在供应链环境下，人们会更多地关注企业与上下游厂商之间的协作关系，产品的质量问题已经超出了单个企业的边界范围而成了供应链上所有成员企业共同面临的问题，因此质量管理模式由单一企业的质量管理转变成了供应链上成员企业之间的协同质量管理。

供应链质量管理实际上就是对分布在整个供应链上的产品质量的形成、改进、优化和最终实现的过程进行控制与协调，从而实现产品质量的提升。近年来，随着现代质量管理理论和实践在供应链管理领域的不断应用和渗透，供应链情境下的质量管理研究有了较为迅速的发展，从最初简单的概念模型到现在的复杂数理模型，从仅关注上游厂商的质量控制拓展到剖析两级、三级、多级甚至是复杂网络下的供应链质量管理，并开始分析一些具体行业具体产品（如农产品、易腐品和复杂产品等）特殊的供应链质量管理问题。目前，国内外对供应链质量控制与协调机制的研究方兴未艾，仍然处在探索阶段，虽然很多学者都从自己的研究专长出发，对供应链质量控制与协调机制进行了相关的阐述和研究，促进了"文献丛林"的蓬勃与繁荣，但是依然没有形成较完整的理论体系。因此，有必要对已有的研究成果进行梳理，并在此基础上进一步深化研究，尝试构建供应链质量管理的整体框架。

1.2 研究意义

基于上述背景，本书将研究定位于在供应链情境下，如何运用契约、监督手段在全链范围内构建质量控制与协调机制，其具有如下的理论和现实意义：

首先，在前人研究的基础上拓展考虑了多种情境，丰富了供应链质量控制与协调机制的研究内容。针对当前供应链质量控制与协调机制研究尚未涉及的空白领域，本书在补充与完善已有研究的基础上，以上游厂商主导、下游厂商主导、考虑供应链成员的竞争行为、考虑政府监管、引入电子商务环境及决策者有限理性为视角，系统地对供应链的质量控制与协调机制进行了研究，力求多情境、多角度、较全面地丰富供应链质量控制与协调机制的相关内容，形成较为完整的研究体系。

其次，将供应链契约协调机制与质量管理相结合，推动了供应链契约管理的进一步发展。目前,关于供应链契约协调机制的研究虽然很多,但大多集中在库存管理、信息共享等经典议题上,把契约协调机制与供应链质量管理结合起来的研究文献相对较少。本书运用较具代表性的回购契约及收益共享契约等,着重在上下游厂商分别作为供应链主导者的情境下对供应链质量控制与协调机制进行研究,拓展了供应链契约协调机制的应用范围,同时也对供应链契约理论的进一步发展有一定的推动作用。

再次,本书的成果能够为企业开展供应链质量管理实践提供有益借鉴。本书力图将学术研究的严谨性和生产实践的可操作性融合起来,为企业开展供应链质量管理实践提供借鉴。同时,本书有助于供应链成员尤其是供应链上的核心企业更加透彻地认识到自己在供应链质量改进中的地位和角色,以便有效地发挥其在供应链质量管理中的作用,从而使得买卖双方实现真正意义上的合作共赢。

最后,为政府制定质量控制政策提供参考。现代市场经济条件下的产品质量问题除了"看不见的手"在发挥作用之外,政府也在扮演着非常重要的角色。然而,由于职责权限不清、监管效率不强、信息渠道不畅、有法不依、有法难依等问题的存在,大大削弱了政府在产品质量监管中的作用。本书在考虑政府监管情境下的供应链质量控制与协调机制研究时,指明了政府在与企业的博弈过程中所应该采取的措施和制度,这为政府制定产品质量监管政策提供了积极的启示和参考。

1.3 本书的主要内容与组织结构

1.3.1 本书的主要内容

供应链成员的质量管理决策受到诸多因素的影响,大致可分为供应链内的因素和供应链所处环境的相关因素。对于供应链内的因素,笔者认为,供应链成员的权力结构至关重要,权力结构直接影响了供应链成员的决策次序、定价策略、库存决策和利润分配。因此,笔者分别探讨了上游厂商作为领导者和下游厂商作为领导者的供应链质量协调机制。对于供应链质量管理的外部环境因素,笔者认为,竞争因素、政府监管和电子商务是较为重要的。首先,供应链间适当的竞争有助于产品质量的提升,但过度的竞争有可能损害产品质量。如何发挥竞争对产品质量提升的积极作用,规避其消极作用值得深入思考。其次,当产品质量出现问题时,人们往往会归咎于政府监管不力,但政府也要考虑监管的成本与收益的平衡。如何以较低的成本实现较好的监管效果是政府亟待解决的问题。最后,电子商务近年来在我国发展迅速,出现了像淘宝、京东这样的巨型企业,为人们的生活带来了巨大的便利。但是,电子商务交易中假货横行,屡禁不绝,依然是整个行业的痛点。

因此,本书先对供应链质量控制及协调机制的研究现状与方法进行回顾总结,然后从不同权力结构下的供应链质量管理、不同情境下的供应链质量控制及协调机制两个方面展开深入的研究。本书的主要内容可以概括为以下两个部分:

(1)不同权力结构下供应链质量管理协调机制

供应链的权力结构主要有两种:一种是以上游厂商作为领导者;一种是以下游厂商作为领导者。我们主要考察了这两种权力结构下供应链成员的质量管理决策;考察了多种协调机制,如收益共享契约、期权契约对供应链质量改进的作用。此外,为了使研究结论更加贴近现实,我们在研究中还引入了行为供应链的一些研究范式,讨论了供应链成员在有限理性的决策情境下的行为,剖析了损失厌恶、过度自信等行为因素对决策均衡的影响。

在上游厂商作为领导者的供应链中,我们在零售商存在损失厌恶行为的条件下,基于报童模型分析了供应链成员的库存决策,并进一步剖析了期权合同对供应链成员的库存决策优化的作用,讨论了损失厌恶对订货量的影响。此外,我们还考察了集中决策、分散决策及使用收益共享契约三种情况下供应链成员的质量努力及定价决策,分析了收益共享契约对供应商质量努力程度的提升作用。

在下游厂商作为领导者的供应链中,第一,我们在考虑零售商检验的情境下分析了收益共享契约对提升供应商质量努力程度、产品质量水平和供应链成员利润的作用。第二,将过度自信引入供应链质量控制机制的研究中,分析了质量投资行为和质量问题惩罚机制,以及优化供应链质量管理的策略,并考察了过度自信对完全理性决策结果的冲击。第三,以关系契约理论为基础,对供应链质量管理过程中供应链成员间的长期合作机制进行了研究,运用重复博弈分析了由一个制造商与一个供应商组成的供应链在质量管理方面最优的关系契约安排。

（2）不同情境下供应链质量管理控制及协调机制

供应链所面临的环境因素很多，如经济发展、政府监管、技术变革、基础设施和市场竞争等。本书考察了市场竞争、政府监管和电子商务三种情境下供应链的质量管理问题。在竞争情境下，考察了需求确定且供应端存在竞争时，供应链集中决策、供应商合作及供应商不合作三种模式下供应链成员的均衡决策，并进一步放松假设，分析了需求不确定的情形。在引入政府监管因素的情境下，考察了政府质量检测的概率、惩罚的力度等对企业质量控制努力程度的影响，并进一步分析了政府质量检测制度的短板，提出了基于"触发策略"的改进思路。在电子商务的情境下，分别考察了以供应商及零售商为主导，且同时存在实体渠道和电子市场的条件下，供应商的质量努力决策。

1.3.2 本书的组织结构

本书在体系架构上尽量兼顾了系统性和实践导向性，既讨论了较为通用的供应链质量控制与协调的理论模型，又将竞争、政府监管及电子商务这些具体情境引入分析中，并且结合现实中的案例对理论研究进行了印证和拓展，力求得到较为完整的理论结果和有借鉴意义的结论。本书的组织结构如图 1-1 所示。

```
┌─────────────────────────────────────┐
│           问题的提出及研究意义            │
└─────────────────────────────────────┘
```

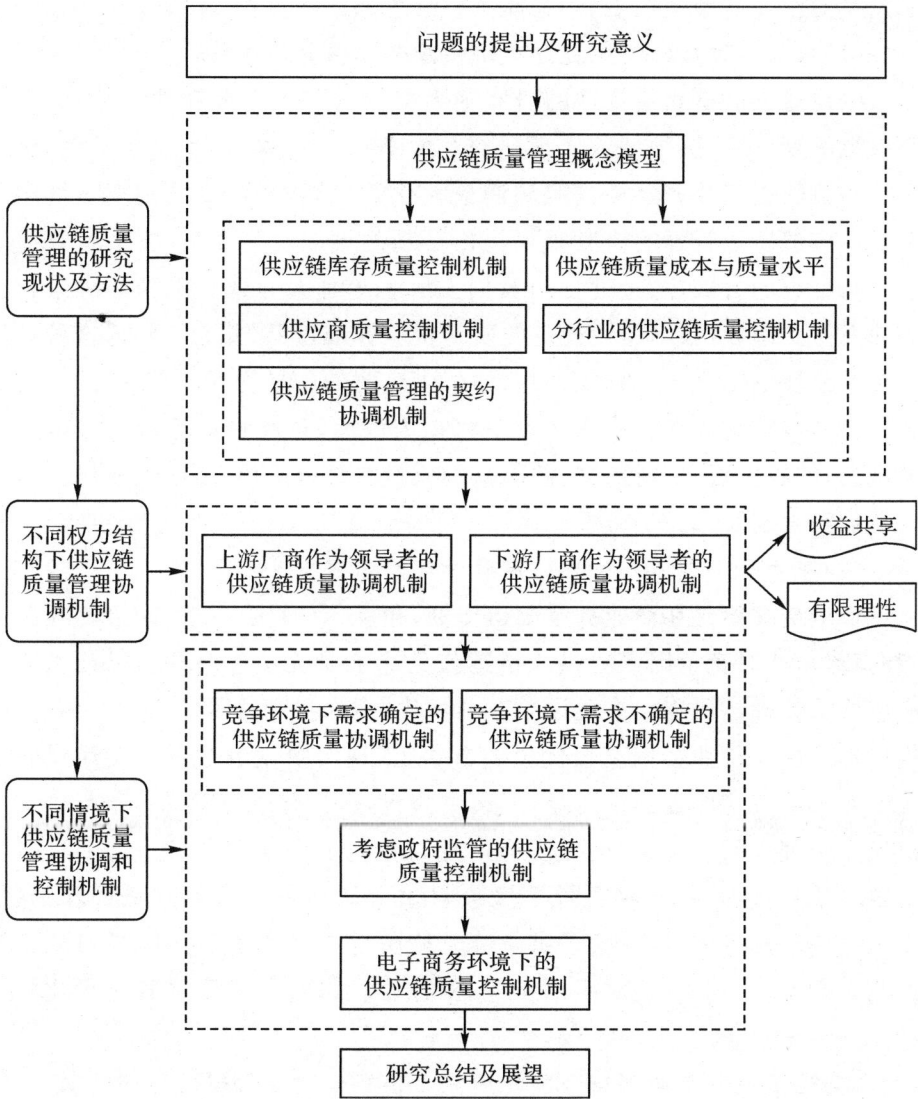

图 1-1　本书的组织结构

1.4 研究创新

本书在供应链质量管理现有研究的基础上进行了丰富与拓展,引入了行为供应链的理念,考虑了竞争对供应链成员决策行为的影响,并运用

了关系契约等新型契约工具,具体可归纳为如下三点:

(1)从行为供应链的视角分析了供应链质量管理决策

以往对供应链质量管理的研究绝大多数都基于完全理性假设,但不容忽视的是,供应链领域的实证研究(如 Katok & Wu,2006)却发现,供应链成员的决策并非严格按照利润最大化等原则,这对成员完全理性假设下供应链质量管理的研究结果提出了新的挑战。事实上,决策者自身知识与精力的有限性、过度自信及损失厌恶等都会导致有限理性决策行为的发生。例如,很多企业设定的质量检验标准过低,并非不知道这种行为对产品质量的危害,而是它们高估了供应商的质量管理水平,这其中就有"过度自信"的心理在作祟。本书将损失厌恶、过度自信等行为因素考虑进来,从心理层面分析供应链成员的质量管理行为决策,能够使研究结论更加符合现实。

(2)将竞争情境引入供应链质量管理的研究中

供应链并不是在商业真空中运作的,相反,有时供应链之间会存在激烈的竞争,此时竞争因素对供应链运作的影响是无法忽略的。以往对供应链质量管理的研究大多关注单链的优化,很少将竞争因素考虑在内,这样得出的决策往往会偏离最优值。事实上,现实中竞争对供应链质量管理的双刃剑效应已经非常明显,但迄今为止,极少有研究考虑竞争与供应链质量管理之间的关系,更加没有研究讨论竞争在何种条件下会促进供应链的质量管理,在何种条件下又会对供应链质量管理起到负面作用。本书引入了竞争因素,考察了供应链成员在制订库存检验策略、签订质量控制合约等决策时竞争对手的反应,对以往仅考虑单链质量管理优化的结论进行了修正。

(3)运用关系契约等新型契约研究了供应链质量管理的协调机制

供应链成员之间的行为协调是供应链质量管理中的核心问题,本书引入多种新型契约就单阶段和多阶段分别进行了探讨。在单阶段的行为协调中,本书引入了期权契约、收益共享契约等新型契约来实现供应链成员收益的帕累托改进。在多阶段的情形中,供应链成员存在短期利益最大化的潜在动机,本书基于关系契约构建了供应链成员间的成本分担机制,运用重复博弈研究了由一个制造商与一个供应商组成的供应链在质量管理方面最优的关系契约安排。

1.5 本书数学符号及用语的说明

本书使用的符号、变量和参数较多,在全书的撰写过程中,对每章各小节中不同研究问题用到的参数和变量均重新定义。同一章节的同一研究问题中,表示各参数和变量的数学符号具有一致性的含义,不同研究问题之间的数学符号没有联系。

第 2 章　供应链质量管理的研究现状及方法

　　目前,对供应链质量管理进行研究的文献主要可以分为五大类:第一类是对供应链质量管理概念模型的研究,主要探讨供应链质量管理的框架、所涉及的理念及方法;第二类是探讨供应链质量控制的机制,一些研究者探讨了供应链库存管理中的质量控制问题,而另一些研究者则从供应商入手研究质量控制机制;第三类是探讨供应链质量管理的契约协调机制,主要探讨如何通过契约的设计激励供应链成员提升其质量努力水平;第四类是探讨供应链质量成本与质量水平的关系,如何对其进行权衡;最后一类是有一定特殊性的供应链质量控制问题,如食品、电商等行业的供应链质量管理,前者的产品往往是易逝品,后者渠道特殊,或者拓扑结构上较为特殊,如复杂供应链网络的供应链质量控制机制。下文将对上述各方面的文献进行具体的梳理和归纳。

2.1 供应链质量管理概念模型

2.1.1 供应链质量管理框架研究

　　供应链质量管理理念源于对供应商产品质量的关注,在此基础上学界区分了企业内部质量与外部质量,并进一步提出必须与供应链上的其他企业协同运作以提升整体质量水平。在这个阶段,供应链质量管理框架并没有形成,但却为系统性供应链质量管理的出现奠定了基础。Forker et al. (1999)很早就指出了对供应商的产品质量进行管理、培训、质量数据的搜集及统计分析、质量部门的作用和报告及产品/服务设计这五个方面的质量实践对供应链绩效具有积极的影响,但并没有发展出系统的供应链质量管理的概念与框架。Ahire & Dreyfus(2000)则将企业内部质量和外部质量进行了区分,建立了一个连接企业内部质量和外部质量的框架,这对于供应链质量管理理念的形成具有重要的意义。他们发现:为了获取更好的质量产出,企业需要在设计与流程管理的长期实践活动之间寻求平衡。唐晓青、麻书城(2002)进一步明确提出需要通过与供应链合作伙伴的协同运作来提升质量水平,并指出为有效保证供应链成员所供应产品的质量,应基于质量决策、管理、实施、执行四个层次对供应链合作伙伴采取质量预测策略,并根据质量目标对供应商进行评价。

在上述研究的基础上,供应链质量管理的内容、工具、关键技术及实施框架等开始被深入讨论。目前,虽然现有研究对供应链质量管理的框架还没有取得普遍性的共识,但对一些根本性问题的认识基本上达成了一致,例如,都认为关注顾客的需求是进行供应链质量管理的基础。Hale & Janet(2008)对 Ahire & Dreyfus(2000)的理念进行了深化,认为供应链质量管理包含内部实践(在一个公司内部)和外部实践(跨越组织边界对企业、客户和供应商的整合),供应商质量管理和以顾客为关注焦点既是质量管理的实践领域,也是供应链管理的研究领域。该研究调查了关于上述两部分内容的企业实践并复制和拓展了质量管理实践中的关系,最后得出供应链环境下的质量管理应包括供应商质量管理和以顾客为关注焦点的内外部整合的结论,认为这才是提高供应链质量的重要途径。王彬(2005)进一步从管理工具方面深化了供应链质量管理,从供应链中质量链管理的角度出发,结合质量链管理的实施框架阐述了质量链管理的研究内容及供应链中质量管理的关键技术。该技术主要包括协同服务技术、供应商的评价和选择技术、过程建模技术、顾客需求获取与分析技术、质量检测与质量数据采集技术五个方面。朱曦、吴圣佳(2005)从质量管理的角度提出了供应链环境下的全面质量管理、质量管理活动模型的建立、质量管理保证体系的建立、供应商选择标准与管理等几个方面的策略。陈新平、徐洪斌(2008)则认为,供应链的组织结构和业务流程与单个企业相比存在明显的动态性,并将供应链动态性强的特点结合到供应链的质量管理中,提出了供应链环境下适应其动态性的质量管理策略,主要包括加强对供应链顾客需求的研究、充分共享质量信息、协同研发与创新、有效的选择与管理供应商、持续改善供应链上的组织和人员素质、零缺陷质量管理技术六个方面。朱晓宁、李岭(2009)则借鉴了 ISO9000 中质量管理的定义构建了供应链质量管理的实施框架,并且分别从供应链质量策划、供应链质量控制、供应链质量改进和供应链质量保证四个方面系统地了解供应链中的核心企业在实施供应链质量管理时应采取的措施及可以借助的工具。

2.1.2 基于ISO9000体系的供应链质量管理

ISO9000体系在现代质量管理中具有重要的地位,但它主要应用于企业内部的质量管理,因此很多研究者试图将它拓展到供应链质量管理中。Pietro(2002)调查了100家意大利认证的制造公司,通过对收集数据的研究分析,讨论了供应链成员实施ISO9000体系标准是否会对供应链上各家公司的质量管理实践和经营绩效造成影响,但还没有将ISO9000体系的应用拓展到整条供应链上,也没有考虑ISO9000体系改善供应链整体质量水平的效果。常广庶(2004)更进一步,从ISO9000体系的8项质量管理原则入手,分别阐述了以顾客为关注焦点、领导作用、全员参与、过程方法、管理的系统方法、持续改进、基于事实的决策方法及与供方互利关系下的供应链质量控制相关方法。遗憾的是,该研究的关注重点依然是ISO9000体系在供应链成员企业内的应用,较少涉及供应链成员间质量管理协同问题。王金发、伍建军和王轶珍(2005)在此基础上总结了ISO9000体系标准在供应链质量管理中的应用,并深入探讨了应用ISO9000体系建立供应链质量管理体系的一般方法及如何对供应链运行过程进行质量控制和实现供应链质量管理规范化与程序化的基本原则。需要指出的是,像ISO9000体系这样的第三方质量认证被广泛作为供应商质量考核的依据,但近年来很多具备上述资质的产品出现质量问题,让人们开始质疑第三方质量认证的权威性与有效性。

2.1.3 供应商质量管理体系

供应商在供应链质量管理中的地位举足轻重,一些学者专门对供应商质量管理的概念模型进行了深入的探讨。周叶、周建设和柴京富(2006)阐述了供应商质量管理能力的形成过程,分析了供应链环境下供应商质量管理的特点,并在此基础上提出了包含产品的协同设计与协同质量管理,将物流服务外包给专业的第三方物流公司,建立质量管理信息系统实现信息共享,实施统一的标准化质量管理体系及完善质量管理激励约束机制等在内的多项改进供应商中间产品和服务质量的有效策略。衷志远、刘海澜(2007)也阐述了供应商质量管理能力的形成过程,认为该过程包括质量文化、质量管理标准化体系、标准化质量管理与质量持续改进、合格中间产品与服务四个方面;通过分析供应链环境下供应商质量管理的特点,提出了改进供应商中间产品和服务的质量的有效策略。Chen & Deng(2013)认为,跨国公司的迅速发展使得全球采购中的质量管理成为更具挑战性的任务,因此对供应商进行认证正在成为解决因供求双方信息不对称引发产品质量问题的有效途径。

2.1.4 供应链质量控制机制中的信息共享

信息共享是推动供应链成员协同的重要手段,Lia & Linb(2006)基于 196 个组织收集的数据,采用多元回归分析的方法,研究了在环境不确定的情况下,组织内部和组织成员之间的信息共享和信息质量对供应链管理的影响。研究发现,信息共享和信息质量对供应链合作伙伴之间的相互信任和共同愿景都具有积极的影响。为了提升供应链质量管理中成员间的信息共享能力,于辉、顾力刚(2007)提出了相应的信息系统架构,包括生产过程质量管理、协同产品设计管理、产品销售质量管理、供应商评价与选择、销售商评价与选择、客户反馈及评价等功能模块,并针对具体业务处理过程进行了讨论。Chatfield, Harrion & Hayya(2009)在 XML 的基础上构建了供应链质量管理模型的信息框架。Wiengarten, Humphreys & Cao, et al.(2010)则强调了高质量的信息对供应链协同的重要作用。Zhang, Ran & Ren(2011)探讨了以 RFID 技术为代表的供应链环境下质量信息的追踪技术,并设计了一个可追溯的信息系统对产品质量进行了跟踪。该研究基于前人的理论对供应链中的质量跟踪结构和模型进行了介绍,同时对故障诊断技术和跟踪系统设计进行了深入讨论,然后建立了供应链的产品质量追溯系统,为供应链管理中的质量控制开拓了一个新的视野。Aravindan & Mait(2012)提出了一种供应链合作伙伴之间通过信息共享来解决质量缺陷的方法,并通过一个跨国医疗设备制造商的供应链案例论证了该方法的可行性,指出应用该方法识别技术性和非技术性的质量缺陷根源,可以适用于任何供应链中的质量缺陷分析。

2.2 供应链库存质量控制机制

库存问题是供应链管理中的经典问题,因此不少文献对供应链的库存质量控制机制进行了深入研究。有些学者从 EOQ 和 EPQ 模型出发,将瑕疵品放入模型中,研究了各种情况下的库存质量控制问题;有些学者则基于联合库存模型考虑库存质量控制机制。上述模型都基于传统的质量成本假设,部分学者将田口质量观引入研究中构建了库存质量控制模型。

2.2.1 基于 EOQ 模型的库存质量控制机制

很多研究者在 EOQ 模型中引入了缺陷率来讨论库存质量控制策略。Salameh & Jaber(2000)从订货商的视角研究了在订货批量中含有瑕疵产品的情况下,订货商如何制订最优订货批量的问题。该研究假定瑕疵产品数量在订货批量中的分布是随机的,并构造了最优订货批量公式。研究表明,在瑕疵产品可以一次以较低的折扣价格销售出去时,订货商的最优订货批量比传统的 EOQ 更大。Chung & Huang(2006)进一步修改了经典 EOQ 模型中的两个假设来反映现实生活中的情况。第一,经典 EOQ 模型假设所有生产出来的或采购的产品的质量是完好的;第二,订单的付款是基于库存系统中已经收到的产品。因此,该研究构建了产品质量缺陷条件下允许延期支付的零售商生产/库存模型,并推导了预期年度总利润最大化的目标函数,最后得出了零售商最佳的订货周期和最优的订货数量。Abdullah & Gultekin(2007)开发了一个包含瑕疵产品的 EOQ 模型,但该模型不仅包括瑕疵品,同时也允许缺货的存在,并通过对所有产品进行检验,区分出不完美产品和报废品,最后利用数值例子分析了缺陷率对最优解的影响。Lin(2010)设计了一个买方主导下的考虑瑕疵产品和数量折扣的库存模型,并提出了买方如何确定最佳订货策略的算法,最后通过数值分析方法对四个重要参数(检测率、次品率、接收成本及订购成本)如何影响最优解进行了分析。桂寿平、栗叔林和张智勇等(2011)也研究了含有缺陷率且允许缺货的库存模型,其中产品检验过程与补货过程同步进行,时间范围是无限的,每个订货周期可以看成是一个更新过程。他们通过建立具有随机缺陷率的模型,运用更新酬劳过程方法得到了期望利润的表达式以确定最优订购策略,并且运用具体算例进行了验证,最后通过实验仿真探讨了不同均值和方差下缺陷率对最优订购策略的影响。同时他们还研究了检验速率和单位持有成本对最优订购策略和期望总利润的影响。姚云飞、王仕新(2012)则是考虑到在实际供应链中,上游供应商提供给下游零售商的信用支付期通常为一个订货周期,建立了缺陷率服从一定分布的缺陷产品在信用支付策略下的最优订货批量模型,模型中允许缺货发生并且以最大期望利润为目标函数,并通过分析得到了模型的最优解。

还有一些学者则在 EOQ 模型中考虑了质量成本。焦志伦(2010)在 EOQ 模型的框架下分析了含有运输、供应、销售三阶段的简单制造业供应链系统的最优操作批量。他在基本模型的基础上逐步将鉴定成本、损失成本和预防成本三种不同类型的质量成本加入供应链模型之中,得出了不同质量监控形式下的供应链最优操作批量研究结论。研究结果表明,在不存在质量成本的情况下,供应链最优操作批量最小,其余依次是加入了预防成本、损失成本的最优批量,而具有鉴定成本的供应链最优批量最大。这一分析结果不但验证了目前学界存在随着产品缺陷率提升最优批量增大的结论,而且表明在缺陷率相同的情形下,企业比起承担损失成本来讲,通过增加鉴定成本剔除缺陷产品的供应链最优操作批量要更大一些。

不少学者引入模糊理论使模型更贴近现实。Hung & Chi(2004)考察了收到瑕疵产品情形下的库存问题,即先对收到的货物进行百分之百的筛选,并在下批货物到达之前将瑕疵产品以折扣价出售出去。为确定最优订货批量以实现利润总额最大化,该研究建立了一个模糊缺陷率模型,并运用符号距离和模糊数的排序方法推导出了相应的最优批量。周威、金以慧(2006)运用模糊理论描述了库存管理中的不确定性,建立了缺陷率和订货费用模糊下的经济订货批量模型,并通过确定合理的订货批量使得整体的利润实现最大化。Wang,Tang & Zhao(2007)同样研究了产品存在质量缺陷问题时的经济批量模型,不同的是,他们把每一批产品的不良品率看作随机模糊变量,为最大限度地提高预期的长期平均利润而构造了一个随机模糊的 EOQ 模型。该研究虽然没有找到该模型的解析方法,但是通过设计基于随机模糊模拟的 PSO 算法证明了该模型的有效性。王晓莉、胡劲松和张贞齐(2008)同样研究了模糊环境中产品存在质量缺陷情况下允许缺货的库存模型。该研究运用更为一般的 LR 型模糊数表示缺陷率、缺货成本、订货成本和需求等可能出现不确定情况的参数,通过建立经济订货批量模型并运用符号距离法对模型进行反模糊化,从而确定了使总利润最大化的最优订货批量。最后利用实验仿真验证了该模型的可靠性,分析并揭示了模糊缺陷率等因素对经济订货批量的影响。

2.2.2 基于 EPQ 模型的库存质量控制机制

一些学者将产品存在瑕疵、检验存在缺陷及缺陷品返工等与质量相关的问题纳入 EPQ 模型中进行考虑。Seung,DaeSoo & Myung(2009)提出了实现利润最大化的经济生产批量模型,分析了由于有缺陷的生产(错误地筛选出无瑕疵的产品并将其按瑕疵品处理掉)和有缺陷的检测(没有把瑕疵品正确地筛选出来)引起的销售利润下降现象,并对模型进行了优化。Chiu,Lin & Wu,et al.(2011)基于 EPQ 模型推导出了存在多次交付和瑕疵品返工情形下的最优补货数量,得出了长期平均生产—库存—交付成本函数,最后证明了在考虑多次交付和瑕疵品返工的 EPQ 模型中,封闭式的最优补货数量和最优出货数量会使长期平均成本达到最低。Christoph,Mohamad & Cory(2012)考察了由一个供应商和一个制造商组成的供应链中双方如何保证需求、成本及收益在整条供应链上实现均衡的问题。假定市场中单一产品的需求对质量和价格是敏感的,基于 EPQ 模型证明了双方在合作情形下的收益比不合作要高,但是整体质量比不合作的情况要低。曹雅琴、张翠华(2012)针对闭环供应链中缺陷品返工和回收品再制造所引起的系统无序性,利用热力学定律对无序性所引起的管理成本进行量化,建立了传统的闭环供应链联合批量模型及基于热力学定律的联合批量模型,并得出了最优的批量策略:①在企业的产品合格率较低时,产品返修造成的无序成本会比较高,为了减少无序成本,与传统批量模型计算的批量相比,企业应该采取较小批量的制造策略;相反,在企业的产品合格率较高时,企业应该采取大批量的制造策略。②在回收价格比较低和回收率及可再制造率较高时,产品再制造造成的无序成本会比较高。为了减少无序成本,企业应该采取相对传统模型来说的较大批量的制造策略。

2.2.3 基于联合库存模型的库存质量控制机制

EOQ 与 EPQ 模型主要还是从供应链中的一方考虑库存质量控制问题,而联合库存模型则开始将卖方与买方的库存质量管理纳入统一的框架内进行分析。Chao(2002)建立了一个整合供应商和买方的模型,以确定最优联合库存策略。该模型基于 JIT 理论并考虑到有瑕疵产品存在的情况,通过推导整合后的年总成本函数得出了最优策略的解决方案,并证明了该模型如何使得发生在供应商和买方整合后的年总成本最低。Ying et al.(2004)同样基于 JIT 理论提出了另外一种整合的库存模型。考虑到交货时间的分散性,该研究分析了如何通过优化交货数量、交货时间、质量检验及分批次交货数量实现订购成本、库存成本、质量改进与投资及现金成本的总和最小,最后论证了整合库存模型对供应商和买方在战略联盟中的收益共享所发挥的重要作用。

Huang(2002)则考虑了卖方的产品中含有一定比例瑕疵品的情况下买卖双方的整合库存模型。在该模型中,瑕疵品率为随机变量,卖方的生产批量为订货批量的整数倍,他给出了生产批量倍数和订货批量的求解方法。Ouyang et al.(2006)也考虑了一个与 Huang(2002)类似的问题,不同之处在于对瑕疵品率的处理,他们首先把瑕疵品率作为确定性的量来处理,然后又将瑕疵品率作为不确定性的量来处理。不同于 Huang(2002),Goyal,Huang & Chen(2003)采用随机变量来表示瑕疵品率的不确定性,他们采用了三角模糊数来表示不确定情况下的瑕疵品率。

Parveen & Rao(2009)基于供应商—买方联合库存模型(Banerjee & Kim,1995)研究了质量改进对总成本的影响,并指出质量改进投资是买方和供应商在质量改进努力条件下的双方面探索。买方和供应商之间的一体化联合策略与分别独立的买方和供应商策略相比更能够实现总成本最小的目标,而由买家整合优质的供应商则主要是考虑到未来可能更低的总成本。张新艳(2009)在供应商生产过程不完美情形下的联合经济批量模型的基础上,从供应链整体利益的角度出发,建立了供需双方联合总成本模型,并探讨了买方与供应商的总成本问题,再通过对供需双方联合总成本模型进行优化,得到了供需双方的联合经济批量。同时,考虑到供应商可以通过质量改进投资降低其瑕疵品率,于是对投资水平与订货批量同时优化,得到了供应商的最优投资水平及在此水平下供需双方的联合经济批量。

易腐产品与一般产品相比,其质量更容易受时间影响,一些学者基于联合库存模型对易腐产品的质量管理策略进行了研究。Wee,Jonas & Wang(2006)以易腐产品为视角提出了整合供应商和买方的库存模型。在该模型中,供应商采取周期性的交货策略,同时买方面临着存在瑕疵产品的风险,而有缺陷的产品则通过筛选被剔除出去。贾涛、徐渝和耿凯平(2011)同样针对易腐产品做了相关研究,但目的是解决易腐产品供应链的联合库存决策问题。研究假设供应链内存在唯一的供应商和零售商,供应商提供商业信用期给零售商,但零售商需要在收到订货后立即交付部分货款,且零售阶段由于条件限制,产品存在常数腐败率,而联合决策模型的目标是确定供应商的订货量乘数和零售商的订货周期,使得供应链的总成本最低。他们证明了目标函数的性质,指出当给定订货量乘数时,目标函数在每种情况下都存在唯一的最优解。以此为基础,他们给出了该联合批量决策模型的求解算法。

2.2.4 考虑田口质量的库存质量控制机制

前述库存质量控制模型对质量成本的假设都基于传统的质量成本模型,即认为产品规格不超过上下限时其质量成本为零,但事实上此时也可能有质量成本,因此有些文献运用田口质量观对库存质量控制模型进行了修正。Ganeshan,Kulkarni & Boone(2001)将田口二次质量损失函数首次引入传统的EPQ模型中,并探讨了企业通过投资来降低生产过程的变异性,即提高生产过程的可靠性的问题,深入分析了企业如何确定最佳的投资水平及生产批量,以实现包括田口质量损失成本在内的总期望成本的最小化。之后,Kulkarni & Prybutok(2004)在假设产品质量特性值服从正态分布和均匀分布的两种情形下,分别采用田口二次质量损失函数和修正反射正态损失函数推导了厂商的最优过程质量改进投资。Kulkarni(2008)又考虑了多产品环境下,厂商的生产批量和质量改进投资的联合决策问题。文中,他采用了Kulkarni & Prybutok(2004)提出的修正后的反射正态损失函数用以刻画质量损失成本。此外,Tsou(2007)则将田口质量损失成本纳入传统的 EOQ 模型中。研究发现,与传统的 EOQ 模型相比,考虑田口质量损失成本之后,厂商的订货批量更大。

Shang,Li & Tadikamalla(2004)提出了一个包括田口策略、模拟等理论在内的混合方法,用于解决供应链的整体最优化问题。他们通过研究供应链中各个影响因子的相互作用、动态关系和结合水平,量化各个供应链成员之间合作的潜在收益,减少需求不确定性对供应链绩效的影响,以实现供应链整体的最佳绩效。研究指出,制造商可以利用该方法建立一个适当的激励计划以促进零售商与供应商之间的合作,从而使得整个供应链发挥最大的潜力。Manish,Mayank & Chetan et al. (2008)基于灵活性的原则探讨了整合生产、配送和物流活动的五层供应链网络的设计问题。该研究将其归结为考虑最小成本和最大灵活的多目标优化问题,并利用基于田口方法的 HTPSO 新算法为该问题提供了一种有效的解决方法。Tiwari,Raghavendra & Shubham et al. (2010)构建了一个集成供应链模型。为保证客户的服务水平,该研究提出了基于固定交货时间的供应链分销框架和五层供应链结构设计下的多次运输选择,分散客户需求等问题,并把田口方法和 AIS 方法结合起来找到了解决这个问题的最优化或次优化方法,最后将结果分别与遗传算法(GA)、混合田口—遗传算法(HTGA)、AIS 等方法的计算结果做比较,验证了该方法的有效性。Sharon(2010)建立了一个选择合适供应商的决策模型,考虑到主观因素和客观因素的影响,把结合定性和定量分析的复合方法应用到模型中。其中,田口损失函数用来测量每个潜在供应商的风险和利益;层次分析法(AHP)用来确定这些影响因素对决策者的相对重要性,加权损失得分计算每个供应商相对重要性的权重,复合加权损失得分则用于给供应商排名。研究指出,应优先选择损失得分最小的供应商。该模型为评价在选择供应商过程中的风险和利益提供了一种全面的决策工具,这种结合田口损失函数和层次分析的方法也为外包项目选择潜在供应商提供了一种新的视角。

综上所述,供应链库存质量控制采用的大多是奖励和惩罚机制,该机制的核心理念是:对高质量供应商予以奖励,对低质量供应商施加惩罚。奖惩机制的设计初衷貌似合理,但由于其是一种"事后"机制,并不能提前预防和阻止产品质量事件的发生;同时事后惩罚又具有执行上的难度,往往不能执行,导致惩罚变为空谈,以致大大减小了惩罚的作用。

2.3 供应商质量控制机制

对供应商质量控制的研究可以按照事前控制(预防机制)、事中控制(监督检测机制)和事后控制(质量保证)的思路进行分类。

2.3.1 预防机制

张翠华、黄小原(2002)研究了供应链中制造商和购买商的质量监督问题。他们在 Starbird 所提出模型的基础上综合考虑了制造商的目标质量、生产批量,购买商的最优质量奖励、质量惩罚和抽样检验策略等因素,建立了一个基于制造商和购买商质量成本的新模型。张翠华、黄小原(2003)同样研究了质量预防的决策问题,通过建立非对称信息下供应商和销售商的质量收益函数,将非对称信息下的决策问题变成最优控制问题,并运用极大值原理推导了销售商产品评价信息隐匿情况下供应商进行质量预防的最优解。张天天(2010)给出了其对供应链质量管理的定义,即在以核心企业为中心的供应链中,各成员企业相互信任、互利合作,实现供应链环境下的质量文化、质量目标、质量方针等的深层次一致,向顾客提供高质量产品,最终确保顾客满意。该文着重阐述了核心企业在供应链质量管理中的重要作用,并分析了供应链核心企业与其他成员企业之间的质量监督博弈。

2.3.2 监督检测机制

部分学者重点考察了下游企业的监督检测对于提升上游企业产品质量的作用。Singer,Donoso & Traverso(2003)分析了一个存在产品质量缺陷的二级供应链(由一个渠道供应商和一个零售商组成,零售商检测产品质量缺陷后销售给客户)。该研究给出了需求和成本函数的方程,并假设客户的产品质量缺陷成本边际递减,而供应商和零售商只要做很少的努力就会避免质量缺陷。李宇雨、但斌和黄波等(2009)则考虑了最终产品的制造商作为面向订单装配系统的供应链核心企业,如何采用质量追溯机制对零部件供应商进行质量控制,并建立了基于质量追溯的面向订单装配的供应链质量控制模型。为了确保供应商不降低其产品质量,陈敬贤(2011)提出了一种制造商主导下依赖于产品价格的供应链质量惩罚策略。他考虑了由于供应商提供不合格产品而引起的制造商内部质量损失和外部质量损失,表明制造商依据产品价格对供应商实施质量惩罚,并建立了供应商与制造商的 Stackelberg 博弈模型,并求解了模型的子博弈精炼纳什均衡。结果表明,依赖于价格的质量惩罚策略有利于激励供应商提高产品质量,增加供应链收益。

有些学者则进一步综合考虑了上游的质量水平与下游的检测水平对最终产品质量的影响。曹柬、杨春杰(2006)在考虑产品存在质量缺陷的情境下,探讨了在由理性的制造商和供应商组成的二级供应链中,为了实现供应链利润的最大化,双方分别在检测水平和中间产品生产的质量水平上所做出的最优抉择。李尽法(2011)提出了最终产品的质量水平由供应商的质量水平和分销商的检验水平共同决定。该研究将来料检验不完美和顾客抱怨纳入了供应链质量控制模型中,给出了均衡解为混合策略时解与分销商的检验水平和顾客抱怨之间的互动机制,最后指明了来料检验水平和顾客抱怨对供应链质量控制的调节方法。

2.3.3 质量保证

郭旭亮、顾立刚(2010)讨论了供应链环境下质量保证的特征,以供应链中的核心企业为主导者,从供应链环境下质量保证体系、企业间协同质量保证制度等几个方面构建了涵盖整个供应链的质量保证协调机制,并对供应链环境下质量保证机制的运行进行了分析,为供应链环境下的质量保证活动提供了理论依据。与郭旭亮、顾立刚的研究相似,Yue,Zhou & Xu(2012)考虑了产品质量和产品质量保证这两个因素,开发了一个单层供应链模型,假定客户需求是随机的,而且受到产品质量保证因素的影响。该研究分别对基于供应商保证和基于制造商保证两种情形下的产品保证期限和产品质量水平做了阐释。

2.4 供应链质量管理的契约协调机制

供应链成员间的协调运作是提升供应链质量管理水平的重要手段，因此很多研究者运用各类契约对供应链成员间的协调策略进行了研究，主要可以分为三类：一是基于供应链成员间因信息不对称而产生的协调问题，有些学者研究了信号传递机制和最优合同设计机制；二是为了解决供应链成员间合作的稳定性和效率，部分学者研究了惩罚和激励对供应链质量管理的协调作用，以及如何构建长期的合作关系；三是针对分配不均可能会导致的合作失效，部分学者对供应链质量管理中的成本和风险的分担及收益共享的机制进行了研究。

2.4.1 信息不对称

产品质量具有显著的隐性特征。按照质量可识别程度和识别时机的差异，学者们将产品划分为"先验产品"（Search Good）和"后验产品"（Experience Good），前者在购买之前质量可以检验，而后者在购买之前非常难于确定其真实质量。（Nelson，1970）更有甚者，有些产品人们在购买它之后需要花费很高的代价才可以识别其真实质量，这种现象被Darby & Karni(1973)称为"信任质量"（Trust Quality）。商品质量信息在采购者和供应者之间的不对称，导致采购者识别商品质量的成本增加，并且极有可能在支付了高额的搜寻、比较、检验以至购买成本后，产品质量的缺陷仍无法识别，而最终以"事后"故障的形式体现。根据顾小根（2008）提供的案例，某整车厂的外购件在经过供应商甄选、零部件入厂检验和整车出厂检测后，售后消费者反馈的质量故障总比例仍然高达8%。

供应链中的信息不对称主要体现在两个方面：一是供应商隐藏自身产品的质量信息（质量预防水平、质量努力程度和质量努力成本等）；二是下游的购买商隐匿自身信息（制造商的质量评估水平和加工制造水平、零售商的市场需求和顾客评估水平等）。供应链质量信息不对称将导致两个方面的后果（程鉴冰，2008）：一是在契约签订之前，由于下游的采购者（消费者或制造商）无法确定上游供应者（制造商或原材料供应商）所提供产品的质量水平，无法区分优质产品供应者和劣质产品供应者，而倾向于支付同一价格给所有类型供应者,导致优质产品供应者的利益受到侵害而改变类型,最终劣质供应者日益增多并充斥市场,形成"劣质驱逐优质"状态;二是在契约签订之后,由于信息不对称的采购者无法有效检测和监督供应者所提供产品的质量,成本最小化的供应者有动机降低产品的质量水平,使所交易产品的质量低于契约约定水平,进一步加剧供应链产品质量恶化的程度。

为了解决供应链质量管理中的信息不对称问题,学者们主要从质量信号传递机制和最优契约两个角度入手,下文将具体论述这两类文献。

（1）信号传递机制

第一,信息甄别模型。

信息甄别模型的契约主要根据直接揭示原理提供契约菜单,供信息拥有方选择,诱使其对号入座,实现信息共享。

顾客需求对上游供应商的质量选择有很大影响,但上游企业难以直接获知顾客真实需求。供应链下游企业接近顾客,了解顾客的需求,但往往缺乏将顾客需求传递给上游企业的动力。Li(2002)研究了一个生产商和两个零售商之间的信息传递问题。他认为供应商在古诺竞争下应该设计激励机制才能及时准确地获取零售商的隐匿信息。Zhang(2002)调查了一个供应商和两个零售商的二层决策模型,分析了供应商为实现信息共享在古诺竞争和伯特兰竞争下对零售商激励机制的设计问题。Karaesmen,Liberopoulos & Dallery(2004)研究了未来需求信息共享的巨大价值,分析了信息成本、交货时间要求和生产能力对信息共享的影响。Apostolos,Stephen & Craig(2005)研究了需求信息为买方私有信息时,卖方如何设计数量折扣契约以促使买方将需求信息传递给卖方。郭琼、杨德礼(2006)在需求信息不对称条件下基于期权契约研究了供应链协作机制,提出供应商可以利用信号博弈理论设计相应的期权契约以激励信息拥有方传递真实的市场信息。

很多学者研究了供应链企业如何激励信息拥有方将信息共享。Alber(2001)考虑了买方的边际成本为私有信息时,卖方如何设计契约菜单以供买方选择的问题。蒋阳升、陈彦如和李富永(2004)阐述了供应链企业间委托代理关系的"道德风险"问题,并围绕供应链中的信息共享问题,利用委托代理理论,在核心企业和成员企业之间设置了一类用来激励成员企业提高信息共享努力水平的激励监督机制。杨国栋、王兆君（2005）认为，信息共享是供应链成功的关键，且着重对信息不共享的原因，以及如何对供应链上的节点企业进行价格激励和收益分配以实现信息共享进行了分析。王小丽（2006）在对供应链中信息共享的价值及阻碍供应链各企业信息共享的原因进行分析的基础上，重点阐述了促使供应链上各企业信息共享的几种激励策略，提出以批量折扣契约、回购契约、订单激励和股权交换激励作为吸引购买商积极实现信息共享的重要手段。Wu,Zhai & Zhang（2011）研究了由两个供应商和一个零售商构成的双层供应链，零售商设计出激励机制促使供应商为其提供产品质量信息，这种激励机制增加了供应商的市场占有额，也推动了供应链绩效的整体提升。姚树俊（2012）考虑了在不完全信息条件下，购买商采取收益共享的激励机制促进供应商传递真实的服务质量信号。

第二，基于信号传递的模型。

在信号传递模型中，信息拥有方可以通过契约向另一方传达真实信息并使之相信，以达到信息共享的目的。信息的需求方也希望在获得自身利益最大化的同时实现整条供应链绩效的提升，因此他们往往会通过设计契约以推动信息的传递。供应链双方信号的顺利传递将会刺激供应商或者购买商积极地改进产品的质量，从而提高供应链的整体收益。

很多学者注意到产品需求信息与产品质量信息之间具有相关性，并据此设计契约激励供应商提高产品质量水平。Desai & Srinivasan（1995）建立了线性和非线性质量契约模型，并将产品需求作为质量信号传递工具。Lee（1998）提出，当需求与产品质量水平相关性显著时，零售商设计契约传递产品的需求信息将在很大程度上实现供应链增值，刺激供应商提升产品质量。在此基础上，Cachon & Lariviere（2001）讨论了在强制服从和自愿服从两种机制下，拥有市场需求信息的制造商将如何设计契约实现需求信息的共享，并在保证供应商进行足量生产的同时，注重产品质量水平的提高。

成本信息的不对称也是设计信号传递机制关注的热点。Corbett & Decroix（2001）及 Corbett,Zhou & Tang（2004）先后针对成本信息不对称下供应链中的数量折扣策略、库存策略和契约设计等问题进行了研究。唐宏祥、何建敏和刘春林（2004）研究了当制造商生产成本为私有信息时，如何利用批发价格契约达到信息共享的目的。朱立龙、尤建新(2012)研究了非对称信息条件下供应链节点企业间如何进行质量信号传递的问题,提出供应商可以通过收取"信息租金"以实现生产加工信息的共享。

供应链中偶尔会出现供需双方都隐藏一部分信息的情况,此时信号传递的难度会有所增大。陈国庆、黄培清(2007)从合作伙伴的角度探讨供应链中的信息共享问题,提出了双方积极推动信息共享的激励模式。蒋梦莉、姚树俊(2011)分析了供需双方通常出现的信息隐匿类型,并提出建立企业间相互信任、相互协作、利益共享、风险共担的合作伙伴关系,来保证供应链联盟企业能够及时高效地完成各项工作,增强产业内供应链的知识创新优势。Zhang & Chen(2013)认为,非对称信息条件下的买卖双方都会隐藏一部分信息,并提出基于收益共享契约的设计将会在一定程度上促使双方积极地实现信息共享,从而能够最大化供应链的利益。

激励可以有效地促进质量信号的传递,惩罚一定程度上也会促使供应商为了利益和声誉传递真实的质量信号。王鑫(2009)研究了供应链企业间由于信息不对称而引起的委托代理问题,并从供应链核心买方的角度出发,建立了供需双方的不完全信息动态博弈模型,提出当供应商提供的信息为虚假时,买方会制订合适的惩罚机制,这对供应商的利益和声誉都会有重要影响,此方式很好地激励了供应商积极传递正确的质量信号。

(2)最优契约的设计

合同是进行供应链成员协同运作的重要手段,通过供应链质量合同的设计可以激励供应链成员对产品质量进行更好的管理,提升产品的质量。

国外学者很早就进行了合同设计的研究,其中早期的研究大多基于完全信息的假设。Prist(1981)研究了质量保修合同的重要性,首次涉及质量控制中合约设计对质量控制的激励。Russel & Thomas(1985)分析了如何通过质量保修合同的设计影响买方和卖方的决策行为,进而提升产品的质量水平。Reyniers & Tapiero(1995)在完全信息的情况下探讨了合同设计如何影响供应商产品质量和制造商质量评价问题,给出了供应商和买方关于供应链质量控制的矩阵博弈模型,并探讨了供应商和买方在纳什讨价还价模型下双方质量策略的选取问题。研究表明,在考虑存在产品质量失误的情况下,可以通过最优化方法选择中间品的质量水平和制造商的检测水平来实现供应链的利润最大化。Chao, Iravani & Savaskan(2009)在需求是外生常变量的情况下,研究了考虑产品召回成本分担的质量激励合同设计问题,其特点是采用了灵活性浮动比例来分担产品召回成本。

更多的学者关注的是供应链质量决策中基于不完全信息假设的合同设计问题。在这方面的研究中,质量担保合同的设计是早期学者研究的重点。Wei(2001)首次考虑了质量信息非对称条件下的契约设计问题,提出合同中的补偿机制:价格折扣和质量担保。陈祥峰(2001)在集成化供应链环境下,借助二层决策模型,考虑了在非对称信息条件下以质量担保作为合同参数的合同设计问题且提出了正向和负向激励的方式。此外,在陈祥峰和 Reyniers & Tapiero(1995)研究的基础上,陈育花(2006)通过构建以价格折扣和质保金为参数的契约模型,分析了制造商对业务外包产品进行质量控制的最优契约设计问题,提出制造商应分担成本费用以激励供应商接受契约设计。

在关于合同设计的研究中,最优控制理论是很多学者建立模型的常用工具。Helena(1998)阐述了质量合同在质量管理中的作用,强调通过积极主动地设计和签订完善的质量合同或者合同中的质量条款可以有效地保证和提升产品质量,使企业受益。张翠华(2004)研究了供应链业务外包的产品质量评价决策问题,认为非对称信息下的决策问题已经变成最优控制问题,并运用极大值原理推导了供应商质量预防信息隐匿情况下购买商质量评价的最优解。此外,徐庆、朱道立和李善良(2007)研究了零售商销售努力信息隐匿情况下,供应链激励契约的设计问题,并严格按照风险偏好不同设计出最优激励契约。Gurnani & Erkoc(2008)则发现,如果零售商的保留效用和信息不对称程度较高,制造商可能倾向于采用固定费用分离合同,即批发价格合同,而不是一般特许合同。Lee, Rhee & Cheng(2013)考虑了供应商质量不确定的情形下,最优合同补偿机制的设计问题。

还有一些学者借助委托代理理论从下游质量监管的角度探讨供应链质量问题。杨艳萍、刘宇宸和刘威(2008)利用委托代理模型建立了供应链质量管理的激励模型,从购买商对供应商质量监管的角度探讨了不同风险态度下最优激励合约的设计问题。高滔、顾力刚(2010)从制造商对供应商质量风险监管的角度出发,建立了单委托人与多代理人的激励模型,并对模型的最优解进行了拓展分析。研究发现,在供应商之间引入质量竞争激励,将促使各供应商不得不提高质量风险防范水平,从而促进供应链整体质量的改善。刘威延、苏秦和张鹏伟(2012)研究了分散式供应链背景下供应商和生产商的契约设计问题,其中考虑了供应商的质量预防水平、生产商的质量检测水平及质量预防水平这三个决策对产品质量的影响,并且在各种决策信息隐匿情况下通过对供应商和生产商之间的契约进行合理的设计,使得供应商和生产商在选择自身最优决策的同时实现供应链整体利润最大化。

信息不对称容易引起单边或双边道德风险。Robert & Arthur(1997)较早研究了单边道德风险条件下的最优契约设计问题,并进行了实证检验。张翠华、黄小原(2003)考虑到购买商隐藏质量评价投资和加工投资的情况,研究了存在道德风险的供应链质量投资决策问题。张翠华(2003)则进一步研究得出,在非对称信息条件下的决策问题已经变成了最优控制问题,并通过建立供应商和销售商的质量收益函数,运用极大值原理解出,在销售商隐匿评价信息的情况下供应商如何以最优质量水平实现双方的共同目标。Wang,Tang & Zhao(2007)研究了如何在一个风险中性的制造商与一个风险厌恶的零售商之间设计分销渠道协调契约的问题,并建立了相应的质量控制模型。Yehezkel(2008)研究了两级供应链中制造商与零售商之间的质量控制契约设计问题,并在考虑单边道德风险的条件下分析了如何进行质量改进激励和设计产品召回契约。

上述研究考虑的是一方的最优决策,而周明、张昇和李勇等(2006)考察了供应链上下游双方的最优决策问题,研究了供应链质量管理过程中合同设计问题对供应商质量预防决策和制造商质量检测决策的影响,分析了各种行动隐匿情况下的道德风险问题,以及如何通过限定合同参数来激励制造商和供应商在实现利润最大化的同时,保证供应链整体质量收益(质量成本)的优化。李丽君、黄小原和庄新田(2005)考虑了双边道德风险条件下基于双方收益目标的质量控制模型,将供应商提供不合格产品而销售商未能检测出时对供应商的惩罚及销售商检测出供应商的产品有缺陷时对供应商施以的惩罚作为激励措施确定最优的惩罚水平,激励供应商和销售商付出相应的预防和评价努力。此外,Hu(2008)和尤建新、朱立龙(2010)也考虑了道德风险条件下包含价格折扣和外部损失成本分摊比例两个契约参数的最优合同的设计问题。此外,朱立龙、尤建新(2011)还研究了如何设计最优质量契约以明确供应商和购买商之间的质量投资水平。

2.4.2 质量管理合作的稳定性

供应链上下游企业间的合作是一种利益驱动的结盟,在大多数情况下,合作过程中供应链成员间资产共用水平低,缺乏固化双方关系的法律体系,成员的可替代性程度较高。这些特点造成供应链成员间的合作具有潜在的不稳定性,以致成员间的合作关系可能在短期内瓦解。在非长期合作预期下,供应链成员存在短期利益最大化的潜在动机,往往会忽视长期合作及双方共赢带来的整体利益最大化。因此,供应链的参与者需要建立长期合作的机制,努力维护长期合作中自身的良好"声誉",积极减少"败德"行为的发生,提升供应链的整体绩效。

(1)质量惩罚激励机制

对质量改进的努力进行奖励、对出现质量问题的供应链成员进行惩罚是实现长期激励的常用手段。Neil(1996)研究了供应链中的质量控制问题,提出了质量控制中的惩罚、奖励和监督等优化问题。Baiman,Fischerp & Rajah(2000)提出了供应链中的供应商和制造商如何确定各自的策略,使其获得的收益增加或花费的成本减少,并研究了发生质量问题时罚金的设定。Zimmer(2002)应用运筹学的最优化方法分析了惩罚和奖励两种激励方式。Christoph & Zimmer(2004)则认为,运用惩罚策略可以很好地实现生产商与供应商之间的协同运作。

早期制造商对供应商进行惩罚的依据是来料检验,而现在制造商更多依据外部损失对供应商进行惩罚。Starbird(2001)较深入地考察了供应链中的质量控制问题,建立了供应链中供应商和购买商的质量成本模型,提出了质量控制中的惩罚、奖励和监督等优化问题。Balachandran & Radhakrishnan(2005)研究了供应链中的质量保证在信息不可观察,且存在单边道德风险和双边道德风险情况下的惩罚契约。国内学者对上述问题也做了一些研究,华中生、陈晓伶(2003)在考虑到存在质量失误(内部失误和外部失误)与延期交货问题的情形下,分析了质量水平和罚金之间的关系,并求出了最优罚金以实现局部利益和整体利益的一致。朱曦(2005)首先分析了供应链质量成本的特点,然后在此基础上采用委托代理理论对非对称信息条件下的供应链质量成本确定进行研究,认为需要在产品退还事件中对供应商的惩罚系数进行设计,并且这种惩罚将激励用户加强产品评价活动。张翠华、晏妮娜和黄小原等(2005)研究了供应商生产投资信息隐匿情况下业务外包决策问题,通过分析内外部质量损失以确定惩罚条件。随后,张翠华(2006)又基于 Zimmer(2004)的观点提出了由订货量、惩罚成本和奖金三种激励方式相结合的协调机制在非对称信息下可以实现供应链系统的绩效最优。张翠华、鲁丽丽(2011)考虑了购买商质量评价信息隐匿、供应商质量预防信息隐匿及两者都隐匿这三种情况,基于供应商和购买商的质量风险分担水平分别构建了易逝品供应链协同质量控制的委托代理模型,并通过优化对供应商的质量缺陷惩罚水平和外部损失的分担份额实现供应商和购买商追求自身收益最大化的同时供应链整体收益最优的目标。在这种激励模式中,产品信息的可获得性对于采购方实施正确的奖励和惩罚策略非常重要。杜志平、胡贵彦和穆东(2011)提出了一种供应链质量管理中上下游企业间的非合作博弈模型及多次重复博弈模型,以分析供应链的下游购买者应如何根据供应商的产品质量水平确定其检验策略与奖惩方法。此外,陈敬贤(2011)提出了一种新型的供应链质量惩罚策略,即依赖于产品价格的质量惩罚策略。具体包括两种:第一种质量惩罚依赖于供应商提供的中间产品的价格;第二种质量惩罚则依赖于制造商向市场提供的最终产品的价格。结果表明,依赖于价格的质量惩罚策略有利于激励供应商提升产品质量,增加供应链收益。

上述研究设计多是基于发生质量损失时所提出的惩罚策略,但是根据源头质量控制的理念,需要更多地直接对供应商给予激励报酬才能真正地增强其质量改进的动力,进而从根本上实现质量改善。Zhu,Zhang & Tsung(2007)在产品故障率和需求均为外生的情况下,讨论了采购商通过对供应商直接投资来提升产品质量的方法。洪江涛、陈俊芳(2007)研究了不同信息结构下的供应商产品质量改进的激励问题,说明可以给予供应商一定的激励报酬来促使供应商增加在产品质量改进上的努力。马俊、吴兴海(2010)研究了在应用招标方法进行采购的情形下,采购质量控制契约的设计,提出了采购商通过积极承担最优固定费用来刺激供应商提升产品质量的方法。俞海宏(2011)研究了工程服务外包中的最优激励机制问题,得出了最优的激励转移支付额度以提升供应商的努力程度,实现制造商利益最大化。

第三方质量审查策略的引入避免了上游谎报质量成本的现象。张煜(2011)建立了以批发价格契约为基础,同时引入第三方质量成本审查策略的契约机制,提出下游厂商可以提高批发价格激励上游厂商增加质量成本的投入,从而提升产品的质量。在上述文献研究的基础上,一部分学者做了更深层次的研究,他们认为,如果购买商可以将开展质量管理较好的供应商向供应链内的伙伴予以公示,并给予一些非物质上的奖励(如公开表彰、授予称号等),将引导供应商选择较高的努力水平,以便更好地获得供应链中其他成员对供应商的信任。陈志祥、罗澜和赵建军(2004)为了有效评价和提高供应链的合作绩效,研究了供应链激励策略与供需合作绩效的关系,认为对优秀供应商进行荣誉激励,增加供需双方合作的信任度,可以在一定程度上激励供应商提高产品的合格率。杨艳萍,刘宇宸和刘威(2008)分析了声誉激励的效果,说明了购买商对供应商的声誉激励能给供应商带来长期的隐性收益,从而形成良好的公众形象。张异(2012)认为,在供应链质量管理中,对供应商的激励非常重要,没有有效的激励机制,就无法保证供应商产品质量的优质和稳定,也不可能维持良好的供应关系,并提出了隐性激励机制——供应商声誉。姚树俊(2012)在不完全信息条件下,分析了供应链信号博弈中分离均衡的实现过程及存在条件,提出建立网络化声誉公开机制。

惩罚和激励契约是目前运用最为广泛的质量协调契约,其具体实现方式也在不断地更新和发展,由原有的固定罚金到基于内外部损失再到基于产品价格的质量惩罚策略,由最基本的高质量奖励到直接投资和激励报酬的质量奖励策略再到声誉激励,取得了越来越好的效果。

(2)基于长期合作机制

供应链成员增加与彼此的信任和互动,建立长期合作机制,有助于减少短期合作造成的损失,能够更有效地提升供应链的质量管理绩效。前述的声誉激励机制在一定程度上激励了供应商不断提升产品的质量,增加了双方间的信任度,而长期合作契约的设计与跨期支付机制的应用能够更好地保障供应链的局部利益和全局利益相一致。

Chew & Piano(1990)讨论了合同中的质量控制问题,认为与较少的供应商签订长期供应合同可以提升采购产品的质量。Kaplan & Norton(1996)从购买商的角度提出质量的管理是供应商组合管理的一部分,得出应该和部分供应商签订长期合同且将订单分散给少数几个供应商。Liker & Chol(2004)研究了日本的丰田和本田的供应商质量管理策略,表明两家企业通常会和供应商建立长期合作契约,并且在不断的合作过程中根据供应商的表现对其合作项目的数量进行调整。Foster et al.(2006)通过对中国的手提电脑企业管理供应商的策略进行研究,得知这些企业也多会和多个供应商保持长期合作关系且分散订单,通过订单给予的数量来激励供应商不断地提升产品质量。

王洁、陈功玉和钟祖昌(2008)运用单阶段静态质量激励模型揭示了供应商质量投入动机不足的原因,并提出了基于跨期约束的供应链动态质量激励机制。研究表明,在基于跨期约束的供应链动态质量激励模型中,博弈末期的双方最优决策与单阶段静态模型一致,即供应商的质量投入水平等于零售商对供应商的转移支付系数;而博弈第一阶段的供应商质量投入水平将大于零售商对供应商的转移支付系数,从而实现了零售商对供应商质量投入的有效激励。最后该研究通过算例仿真验证了当零售商与供应商的绝对风险规避系数、随机冲击的波动增大时,基于跨期约束的动态质量激励模型的供应链总体效用要明显大于静态模型的,这实现了供应链绩效的帕累托改进。乔磊、张晓敏(2012)从汽车行业入手,构建了非对称信息单阶段博弈模型和非对称信息下跨期激励质量博弈模型。通过对比分析可得出,整车企业采取跨期激励机制能够有效减少效率损失,顾客也可在最后一期之前得到有高质量轮胎的汽车产品。因此,整车企业在选择供应商时应建立长期稳定的合作关系,并订立长期合约来减少效率损失。

2.4.3 双重边际性——基于成本分担和收益共享机制

供应链双重边际性是指作为独立核算的法人和实体,供应链体系中"理性"的采购者和供应者在决策时更多地考虑自身利益最大化(Bartelsman et al.,1994),而较少关注供应链其他成员的利益,即当供应链利益在不同成员间分配时,单方以个体利益最大化为决策原则,导致另一方及供应链整体绩效的降低。例如,下游的采购者往往为了提高利润不断压低产品采购价格,而供应商为降低成本只能提供低质量的产品。供应链双重边际性产生的根源在于供应链上不同参与主体之间存在利益不一致和分配不合理的问题,作用于信息不对称的环境中,则加剧了供应链产品质量的恶化,导致委托代理理论中"激励失败"(Incentive Failure)现象的出现。学者们研究表明,随着供应链间竞争的加剧,供应链内部的企业必须团结合作、共同分担质量成本和风险、合理分配收益才能实现局部利益和整体利益的一致。Zhu,Zhang & Tusng(2007)的研究表明,供应链中的成员都应积极参与到质量改进中,下游企业不能把所有质量提升的责任交给上游企业,而应该采用合作的态度来共同提升产品质量。

(1)质量成本的共担

质量成本和风险分担能够在很大程度上激励供应商提升质量努力水平。Von(1998)指出,在供应链质量控制中存在利益的潜在冲突,质量激励机制对双方要公平,质量风险和质量控制成本应该共担,这样供应链质量提升的目标也容易达到。Reyniers & Tapiero(1995)和 Lim(2001)研究了供应商的质量选择和制造商的检验战略,提出了一个固定比率的外部成本分担合同。Corbett & DeCroix(2001)通过设计固定比率的成本分担合同来讨论供应商和买者的努力决策。Balachandran & Radhakrishnan(2005)拓展了 Baiman 等人的研究,在供应商和制造商存在双边道德风险的条件下考虑了内部成本的分担机制,认为供应商和制造商可以通过质量投资降低产品缺陷率。

曹柬、杨春节(2006)结合实际情况,根据质量内部、外部损失的不同承担方式,讨论了三种质量损失承担形式,得到了在整体损失由两者共同承担的情况下,通过制订合理的内、外部损失分配系数,可以使两者博弈的纳什均衡解与供应链的全局最优解相符,从而实现供应链全局最优和局部最优的一致。熊中楷、刘芳兵(2009)则是在曹柬、杨春节讨论的基础上,在三种不同的信息情况下分别得到相应的质量成本分担系数,解决在制订该类合同中的相关问题。

Iny,Suresh & Lixin(2006)比较分析了质量评价机制与质量认证体系机制下制造商如何激励供应商提高质量改进投入水平的问题。

Kaijiezhu(2007)讨论了在"一对一"(一个供应商和一个制造商)的供应链中,次品所带来的质量成本由双方共同承担,以及双方如何分担质量提升所带来的成本的机制。张雄会、陈俊芳和黄培(2008)分析了售后质量损失费用的承担比例对供应商、购买商质量改进决策的影响。结果表明,购买商通过提高供应商对售后质量损失费用的承担比例并不一定能促使供应商进行质量改进投入,购买商不应该将质量改进的责任完全推给供应商;在选择供应商时,购买商除了关注供应商对售后质量损失分担比例的承诺外,供应商的初始质量情况及质量改进决策也很重要。牟小俐、徐毅和陈汉林(2008)拓展了质量损失与质量水平的函数关系,设计出了一个分摊策略,使供应链成员的局部目标和供应链整体目标达到一致。

Yao & Zhang(2009)研究了业务外包的质量控制问题,提出适当地分担供应商的质量成本可以诱导供应商提高质量水平。Chao(2009)也对业务外包的质量控制问题做了研究,提出购买商应合理分担产品的召回成本,减少供应商的质量成本,提升产品质量。刘学勇、熊中楷和熊榆(2012)扩展了Chao的研究结论,在供应商隐藏质量改进努力的情况下,讨论了产品召回中的成本分担和质量激励问题,通过引入成本分担合同使得供应商和制造商的质量努力水平和价格决策达到最优。

马俊、吴兴海(2010)考虑到由于信息的非对称性,供应商提升产品质量可能让质量成本上升,采购商应积极承担一部分质量提升的成本。唐美、庄品(2010)研究了一个供应商和一个制造商的二级供应链模型,综合考虑了供应商的质量水平、制造商的检验水平和质量水平,提出当供应商和制造商共同分担内外部成本时能够促使双方选择最优的质量水平且实现供应链整体利益最大化。盛峰(2011)则建立了由一个制造商和两个供应商组成的二级供应链的质量改进激励模型(效益转移激励模型),并通过Stackelberg博弈确定了制造商最优激励系数及供应商最优质量风险防范水平。

(2)收益共享机制

收益共享是供应链质量管理中的新方式。采用这种协调策略时,供应商往往会制订低于其成本的批发价格,此时零售商为了弥补供应商的损失,将自己的销售收入按照一定比例(由双方共同商定)返还给供应商,最终确保双方的收益水平高于分散控制状态下的收益水平,达到供应链最优绩效。收益的共享强化了供应链成员之间的关系,激励成员自身不断改进,为获取更多的利润而努力。王洁(2010)认为,收益共享契约是解决"双重边际性"的重要手段,核心企业应将总体收益在供应链上下游企业间合理分配,激励上下游企业增加质量投入,从而维持供应链的长期协调。肖迪、潘可文(2012)研究了单个供应商和单个零售商构成的供应链中,零售商采用收益共享契约对供应链成员质量控制决策的协调作用。研究表明,当销售量的变化对产品质量改进的敏感程度较高时,收益共享契约的协调效果较好。

顾客需求对于产品质量的敏感度越来越高,但斌、任连春和张旭梅(2010b)针对产品质量影响顾客需求问题,建立了制造商处于领导地位的二级供应链决策模型,研究了固定质量改进成本如何影响供应链环境下制造商的决策及利润,以及在不同固定改进成本情况下制造商如何改进产品质量。结果表明,当固定改进成本较高时,制造商可以通过收入共享契约和零售商合作,一起改进产品质量以获取更高的利润。

上述文献中所说的产品质量都是制造商产品的生产质量,并没有同时考虑制造商的生产质量、服务质量和零售商的销售质量对顾客需求的影响。随着市场竞争的日益激烈,除了产品的生产质量,零售商的销售质量往往在促进顾客购买行为时起着重要的作用。但斌(2010)提出了销售质量和生产质量同时影响顾客需求的质量管理问题,建立了制造商处于领导地位的二级供应链决策模型,分析了在分散式决策和集中式决策下制造商和零售商关于产品质量的决策,设计了一个成本分摊和收入共享契约协调供应链。Xiao,Yang & Shen(2011)提出,随着顾客对于质量的敏感度越来越高,上游企业需通过收益共享契约以激励下游的零售商提高销售质量和质量保证水平。Ouardighi & Fouad(2010)基于将批发价格契约和收益共享契约结合的菜单式契约,讨论了供应商在某个关键零部件上处于垄断地位时的产品质量激励问题。孟庆峰、盛昭瀚和李真(2012)针对供应链质量管理中的群体激励问题(一对多的情况)将收益共享契约作为供应商零部件质量改进的激励机制,设计了批发价格契约与收益共享契约相结合的菜单式合同,指出制造商通过设置合理的报酬结构能够实现其收益与零部件质量的"双赢",并进一步将公平偏好引入多阶段群体激励中,研究了公平偏好对激励效果的影响。

2.5 质量成本与质量水平

Krystel，Neale & James（2012）考虑到质量成本对供应链运作的重要性，设计出了一个用质量成本（COQ）测量全局绩效的供应链模型。通过考量经营决策成本（例如产品瑕疵检验的失误率和产品制造过程的瑕疵率）来计算质量成本，并设计了一条在保持总体质量水平情况下实现总成本最小化的有效路径，同时也评估了质量改进上的投资对总利润增加的影响。

唐金栓、周鑫淼（2012）以供应链中的核心企业为视角，通过建立供应链质量成本和质量水平之间的动态模型，并将质量成本指数模型沿用至供应链质量成本指数模型中，从而获得了供应链质量成本和质量水平之间的关系式。同时，通过引入学习曲线的概念确定了质量损失成本函数和质量投入成本函数的系数，进而获得了供应链任一时刻的质量成本。结论表明，供应链中的核心企业在供应链的改进过程中，不要盲目地追求达到最高的质量水平，还要考虑到增加企业的利润和提高客户的满意度，此时最佳供应链质量水平的控制显得尤为重要。

2.6 分行业的供应链质量控制机制

随着供应链环境下质量控制相关研究的不断深入，聚焦于特定范围内（例如考虑电子商务环境、复杂产品等特殊视角）供应链质量问题的针对性研究也相继涌现。

2.6.1 电子商务环境下供应链质量控制机制

冯良清、彭本红（2008）比较了电子商务环境下供应链质量控制与传统质量控制在特征和方法上的不同，通过分析供应链质量控制的内涵和特征，提出了集成式质量控制、分布式质量控制与虚拟式质量控制等电子商务环境下供应链质量控制的有效方法。

2.6.2 复杂供应链网络的质量控制机制

为帮助生产复杂产品的制造商更好地推广和落实质量控制方案,以实现供应链整体质量的最优改善,刘远、Hiple 和方志耕等(2012)提出了一类供应链质量控制方案递阶决策模型。首先是搭建一类新型的供应链质量屋分析平台,并将其表征为多目标规划模型,确定最优方案组合;其次是基于复杂产品供应链多层级结构设计质量屋网络,以控制资源为纽带构建多级多目标递阶决策模型,实现质量控制方案的继承和衔接;最后是针对某型号商用飞机供应链开展案例研究,验证了所提出模型及方法的可行性和有效性。此外,Liu,Fang & Hipel(2012)根据 PN 网(佩特里网)与冲突分析理论的特点,设计出了一种新的包含过渡和偏好的冲突分析 PN 网(PCNA)来描述 DMS 的决策活动和利益的比较。基于有限理性理论的 PNCA 均衡为 DMS 的决策制订提供了科学的依据,在对飞机的生产系统进行案例研究的过程中验证了该模型的可行性和有效性,并提供了一个研究复杂产品供应链质量管理的新视角。

杨慕升、张宇(2010)通过论述基于供应链制造过程的质量智能协同控制理论及方法,研究了网络化制造环境下基于供应链的产品质量协同控制的体系结构,阐述了基于供应链质量协同控制的信息交换技术,给出了质量协同控制的具体方法。他们通过有效的协同控制方法及数据模型,保证了各分机厂与主机厂的产品质量及产品的最终质量,该方法也为网络化制造中的关键技术——批量定制技术提供了有效的解决方案。徐兴、李仁旺和吴新丽等(2012)也类似地提出了一种基于网络质量控制的复杂供应链网络结构管理的新方法。该研究通过构建供应链网络的拓扑结构,并结合无标度网络模型,从网络质量控制的角度阐释了网络中枢节点和稳健性供应链网络,从而揭示了供应链网络在增长过程中的动态稳健性和脆弱性,最后重点分析了增强复杂供应链网络稳健性的方法。

2.7 文献述评

以笔者所掌握的现有国内外文献来看,目前对供应链质量管理的研究有很多切入点。有些学者的研究较为宏观,探讨供应链质量管理的整

体框架、供应商质量管理或者质量信息的共享。另外一部分学者从传统
的库存管理方法出发,讨论基于库存理论的质量管理问题。还有些学者
考察供应链成员之间如何相互监督和协调以提升供应链质量管理的绩
效。上述研究对供应链质量管理的发展有巨大的推动作用,但也存在一
些不足,主要体现在以下几个方面:

第一,目前对供应链质量管理的研究依然处在探索阶段,没有形成完
整的理论体系。供应链质量管理还没有成熟的框架概念模型,不同背景
的研究者都从各自的视角切入,对于供应链质量管理的内涵、主要内容等
都没有取得共识。

第二,对供应链成员质量管理契约协调机制的研究还不够深入。目
前对供应链质量管理契约协调机制的研究大多基于经典的委托代理理
论,很少有文献运用承诺契约、关系契约等方法研究协调机制。

第三,供应链质量管理的实证研究较少。实证方法有助于我们更好
地了解目前供应链质量管理存在的现实问题,并找到解决之道。但遗憾
的是,由于数据难以获得等原因,目前相关的文献较少。

第 3 章　上游厂商作为领导者的供应链质量协调机制

本章探讨的是供应链上游厂商作为领导者时，供应链成员的质量管理行为。需要说明的是，"供应链上游厂商"是一个相对的概念，对不同的供应链成员来说，其上游的厂商也有所不同。例如，对制造商来说，供应商就是其上游厂商；对零售商来说，制造商就是其上游厂商。本章是以供应商为上游企业、零售商为下游企业所组成的供应链为例来讨论供应链的质量管理行为，但研究的结论可以推广到其他具有类似结构但具体成员有所不同的供应链中。

供应链上游厂商成为供应链核心企业的案例已经屡见不鲜。宝洁、诺基亚等制造业巨头可以利用高度的市场占有率和巨额的资金对零售渠道进行一定的控制，通过对其供应链的管理来获得更高的利润。但是，随着经济的发展，企业所面临的市场越来越复杂，如何在竞争日趋激烈的环境中管理自己的供应链是摆在很多企业面前的难题。作为核心企业，供应链的上游厂商如何运用各种契约协调手段来提升供应链成员的质量努力呢？本章将对上述问题进行研究，为供应链的成员企业，尤其是供应链的核心企业的质量管理决策提供理论依据。

3.1 考虑损失厌恶的供应链质量及库存决策机制

以往对供应链质量管理的研究大都基于完全理性假设，但现实中决策者往往是损失厌恶的，这使得研究结论与现实存在偏差。沈厚才、徐进和庞湛（2004）的研究表明，制造商的损失厌恶程度会影响其采购时间和采购数量。文平（2005）则以报童模型为基础，证明了报童损失厌恶程度与其最优订货量具有一定关系。上述研究表明，损失厌恶的决策者往往会减少其订购量，进而会影响其自身及上下游成员的利润。

一些学者已经开始研究基于决策者损失厌恶的供应链协调机制。Zhang, Song & Wu(2005)比较了零售商损失厌恶时,回购契约、返利契约和增量回购契约的有效性和优缺点,指出在一定条件下,三者均可实现供应链成员的协调。林志炳、蔡晨和许保光(2010)分析了收益共享契约对损失厌恶的供应链成员决策的影响。刘珩、潘景铭和唐小我(2011)则分析了在零售商和供应商均存在损失厌恶偏好时,价格补贴契约对零售商订货决策的影响,并与传统批发价格契约相比较,认为价格补贴契约更为有效。

虽然损失厌恶偏好已经受到学者们的关注,但鲜见将其应用到供应链质量管理的研究中。基于上述背景,本章将从损失厌恶的个体偏好角度出发,研究零售商存在损失厌恶时供应链成员的决策行为。本节选择了典型的单周期报童模型,在决策中零售商和供应商具有较强的互动性。

此外,随着金融市场的发展和期权工具的普及,国内外也开始有学者将期权合同运用到供应链管理中。陈祥锋、朱晨波(2007)将期权合同引入现货采购合同中,研究了采购合同的组合管理,并证明了期权合同有助于供应链运行效率的提高。赵映雪、孟晓阁和张蕙等(2012)则研究了在传统批发价格合同下,双向期权合同对零售商的最优订货决策的影响。本章也引入了期权合同这一新型供应链协调契约,研究其对供应链成员决策的影响。

3.1.1 模型描述

本部分考察由一个供应商 S 和一个零售商 R 组成的二级供应链系统。其中,零售商为典型的损失厌恶个体,其面临的是典型的报童问题。基于一般效用函数模型,现假设损失厌恶零售商的效用函数为:

$$U(\textstyle\prod_R) = \begin{cases} \textstyle\prod_R & (\textstyle\prod_R > 0) \\ \lambda \textstyle\prod_R & (\textstyle\prod_R < 0) \end{cases} \tag{3-1}$$

其中,λ 表示损失厌恶的程度,λ 越大表示损失厌恶越明显,假设 $\lambda > 1$。

供应商以单位成本 c 生产产品,并以批发价格 w 向零售商供货。零售商以 p 的零售价格销售产品,期末库存单位产品残值为 v,并假设 $p >$

$w > c > v$。零售商的库存决策为订货量 Q。

考虑到产品质量对需求和利润的影响,供应商愿意付出额度为 $I \in (0, \infty)$ 的质量投资,由此产生的质量投资成本为 $kI^2/2$,其中 $k(k > 0)$ 为供应商的质量投资成本参数,类似的质量投资成本函数还被 Kaya & Ozer(2009)等诸多文献采用。

本模型中,链上各成员的决策时序如图 3-1 所示。

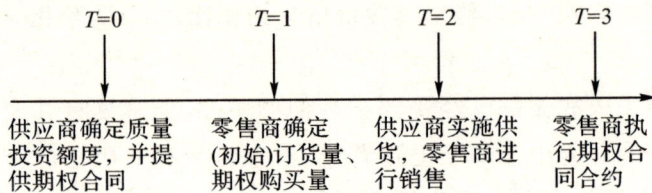

图 3-1 成员决策时序

供应商的质量努力带来的需求回报率为 $r(r > 0)$,市场需求函数为:

$$D = D_0 + rI \tag{3-2}$$

其概率分布函数和概率密度函数分别为 $F(x)$ 和 $f(x)$,其中 D_0 服从概率分布函数和概率密度函数,分别为 $F_0(x)$ 和 $f_0(x)$ 的随机分布。概率分布函数的逆函数为 $F_0^{-1}(x)$,且当 $x \leqslant 0$ 时,$F_0(x) = 0$;当 $x > 0$ 时,$f_0(x) > 0$。

引理 3-1　当供应商存在质量投资时,市场需求 D 的分布函数为:

$$F(x) = F_0(\eta) \tag{3-3}$$

其中,$\eta = x - rI$。

证明: 由(3-1)式易知:

$$F(x) = p(D_0 + rI \leqslant x) = p(D_0 < x - rI), \ \diamondsuit \ \eta = \frac{x - \alpha(a - bp + \beta i)}{1 - \alpha}$$

即可。

证毕。

3.1.2 模型分析

这一部分首先考察使用基本合同时供应链成员的决策,其次分析使用期权合同时供应链成员的决策。

（1）基本合同

在不考虑期权合同下，零售商的利润函数为：

$$\prod_R = \begin{cases} (p-v)x - (w-v)Q & (x < Q) \\ (p-w)Q & (x \geqslant Q) \end{cases}。$$

供应商的利润函数为：

$$\prod_S = (w-c)Q - \frac{1}{2}kI^2。$$

易由零售商的盈亏平衡点得：

$$\bar{x} = \frac{w-v}{p-v}Q。$$

损失厌恶零售商利润的期望效用为：

$$EU_{R1} = \lambda \int_0^{\bar{x}} \left[(p-v)x - (w-v)Q\right]f(x)dx + \int_{\bar{x}}^Q \left[(p-v)x - (w-v)Q\right]$$

$$f(x)dx + \int_Q^\infty (p-w)Qf(x)dx。$$

分别求其对订货量 Q 的一阶和二阶导数，得：

$$\frac{dEU_{R1}}{dQ} = p - w - (\lambda-1)(w-v)F\left(\frac{w-v}{p-v}Q\right) - (p-v)F(Q),$$

$$\frac{d^2 EU_{R1}}{dQ^2} = -(\lambda-1)\frac{(w-v)^2}{p-v}f\left(\frac{w-v}{p-v}Q\right) - (p-v)f(Q) < 0。$$

因此，必存在 Q_1^* 得效用最大，此时 Q_1^* 满足：

$$F(Q_1^*) = \frac{p-w}{p-v} - \frac{(\lambda-1)(w-v)}{p-v}F\left(\frac{w-v}{p-v}Q_1^*\right) \tag{3-4}$$

当零售商订货量为 Q_1^* 时，供应商利润为：

$$\prod_S = (w-c)Q_1^* - \frac{1}{2}kI^2。$$

求其对质量投资 I 的一阶导数，得：

$$\frac{d\prod_S}{dI} = (w-c)\frac{dQ_1^*}{dI} - kI。$$

式（3-3）两边同时对 I 求导，可得：$\dfrac{dQ_1^*}{dI} = Ar$，其中

$$A = \frac{(1-\lambda)\frac{(w-v)^2}{p-v}f_0\left(\frac{w-v}{p-v}Q_1^* - rI\right) - (p-v)f(Q_1^* - rI)}{(1-\lambda)(w-v)f_0\left(\frac{w-v}{p-v}Q_1^* - rI\right) - (p-v)f(Q_1^* - rI)},$$

而 $\dfrac{\mathrm{d}\prod_S}{\mathrm{d}I} = (w-c)Ar - kI$。

可证明,存在最优投资:

$$I_1^* = A\frac{(w-c)}{k}r \tag{3-5}$$

命题 3-1 与风险中性的零售商相比,损失厌恶的零售商的订货量更少。

证明: 非损失厌恶情境下,零售商根据期望利润最大化决定订货量,零售商的期望利润为:

$$E(\prod_R) = \int_Q^\infty (p-w)Qf(x)\mathrm{d}x + \int_0^Q [(p-v)x - (w-v)Q]f(x)\mathrm{d}x。$$

分别求其对订货量 Q 的一阶和二阶导数,得:

$$\frac{\mathrm{d}\prod_R}{\mathrm{d}Q} = -(p-v)F(Q) + p - w,$$

$$\frac{\mathrm{d}^2\prod_R}{\mathrm{d}Q^2} = -(p-v)f(Q) < 0。$$

显然可证,存在最优订货量 Q_0^* 满足:

$$F(Q_0^*) = \frac{p-w}{p-v} \tag{3-6}$$

由式(3-4)可知,

$$F(Q_1^*) - F(Q_0^*) = -\frac{(\lambda-1)(w-v)}{p-v}F\left(\frac{w-v}{p-v}Q_1^*\right) < 0。$$

证毕。

对命题 3-1 的解释如下:当零售商订货较少时,出现存货积压的概率较小,所订商品甚至可以全部转化为利润。但是如果订货过多,未实现销售的产品不仅不能按市场价格出售,反而最后的处理价格还远低于订货成本,即零售商要进行亏本处理,这部分多订的产品给企业带来的是净损失。因此,订货量超过市场需求越多,其损失越大,且对于损失厌恶的零售商而言,损失的效用远大于损失本身的金额。因此,零售商更倾向于少订商品,以获得效用最大化。

命题 3-2 零售商存在损失厌恶时,供应商会随着零售商订货量的降低而减少其质量投资额度。

命题3-2的证明与命题3-1类似，不再赘述。命题3-2在现实中的表现是，供应商进行质量投资使得市场需求扩大，零售商增加订货量，从而获得更多利润。但是，对于损失厌恶的零售商而言，其更多关心的是未来的损失，因此在订货时会更为保守谨慎。在零售商不增加订货量的情况下，供应商增加质量投资所带来的只能是自身成本的增加。因此，理性的供应商会随着零售商订货量的减少而减少质量改进投资，以减少成本，从而增加利润。

（2）期权合同

考虑供应商为零售商同时提供基本合同及期权合同，单位期权合同价格为 p_0。在传统基本合同模型下，零售商的决策变量为订货量 Q，在考虑了期权合同后，同时还要决策期权购买量 Q_0。在合同约定到期日，零售商若发现市场需求大于订货量 Q，可以以执行价格 p_e 再次购买不多于期权购买量 Q_0 的产品。假设此时产品价格不变，且 $v<p_0<c<p_e<w<p_0+p_e<p$，零售商最终期权执行数量为 Q_e。其中，假设 $p_0+p_e<p$ 是为了保证零售商采用期权时依然能够获利；$w<p_0+p_e$，两者的差额为供应商选择期权时付出的高于基本合同的成本；$p_e<w$ 同样是为了保证零售商的盈利空间，鼓励零售商采用期权合同，而 $c<p_e$ 则是为了保证供应商的盈利。

此时，零售商的利润受期权执行数量影响，且

$$Q_e=\begin{cases} 0 & (0<D\leqslant Q<Q+Q_0) \\ D-Q & (Q<D\leqslant Q+Q_0) \\ Q_0 & (Q+Q_0\leqslant D) \end{cases}。$$

进而可得零售商利润为：

$$\prod_{R2}=\begin{cases} (p-v)x-(w-v)Q-p_0Q_0 & (0<x\leqslant Q<Q+Q_0) & (3\text{-}7) \\ (p-p_e)x-(w-p_e)Q-p_0Q_0 & (Q<x\leqslant Q+Q_0) & (3\text{-}8) \\ (p-w)Q+(p-p_0-p_e)Q_0 & (Q+Q_0\leqslant x) & (3\text{-}9) \end{cases}$$

由式（3-7）、式（3-8）可分别求得两种市场需求下的零售商盈亏平衡点：

$$\overline{x_1}=\frac{(w-v)Q+p_0Q_0}{p-v},\ \overline{x_2}=\frac{(w-p_e)Q+p_0Q_0}{p-p_e}。$$

分析两者大小及所在区间，有以下结论：

命题 3-3 当 $Q_0 > \dfrac{p-w}{p_0}Q$ 时,零售商存在最优订货量 Q_2^* 和最优期

权购买量 Q_0^*,当 $Q_0 \leqslant \dfrac{p-w}{p_0}Q$ 时,零售商是否存在最优订货量 Q_2^* 和最优

期权购买量 Q_0^* 并不明确。

证明: 当 $Q_0 > \dfrac{p-w}{p_0}Q$ 时,分别求零售商期望效用对其订货量 Q 和期

权购买量 Q_0 的一阶和二阶偏导,易证其二阶海赛矩阵小于 0。因此,必

存在 Q_2^*,Q_0^* 使得零售商效用最大。相反的情况证明过程类似,不再

赘述。

证毕。

推论 3-1 当 $Q_0 > \dfrac{p-w}{p_0}Q$ 时,零售商最优订货量 Q_2^*、最优期权购买

量 Q_0^* 与损失厌恶程度 λ、批发价格 w、商品残值 v、期权价格 p_0、期权执

行价格 p_e 存在如下关系:Q_2^* 和 Q_0^* 中至少有一个变量与 λ, w, p_0 呈反向

变动,与 v, p_e 呈同向变动。

证明:

由 $F(Q_2^* + Q_0^*) + \dfrac{\lambda p_0(p_e - v)}{(p - p_e)(p_0 + p_e - w)}F(Q_2^*) = 1$ 可知,$F(Q_2^* +$

$Q_0^*)$,$F(Q_2^*)$ 均为 Q 的单调增函数,且可证明:$g(\lambda, w, v, p_0, p_e) =$

$\dfrac{\lambda p_0(p_e - v)}{(p - p_e)(p_0 + p_e - w)}$ 为 λ, w, p_0 的增函数,为 v, p_e 的减函数。

证毕。

3.1.3 数值分析

上述分析中,期权合同情况下均衡解表达式非常复杂,很难获得直观

结论,下文将通过算例来进一步讨论损失厌恶对供应链成员库存决策、利

润变化程度的影响。本部分基于实践数据对各变量进行如下赋值:

$c = 0.8, w = 1.5, p = 2, v = 0, k = 0.5, r = 1.2, p_0 = 0.4, p_e = 1.2, D_0 \sim$

$U(0,100)$。

这里首先分析期权合同下损失厌恶程度对零售商订货量和供应商质

量投资额度变动程度的影响,如图 3-2 所示。当零售商损失厌恶程度加

深时,其订货量的变动并不如质量投资额度的变动明显。这意味着当零售商减少一定比例的订货时,供应商会减少更大比例的质量投资。因此,零售商的损失厌恶带来的是产品质量的下降,这对产品的需求影响是负向的,对其自身和最终消费者都是不利的。

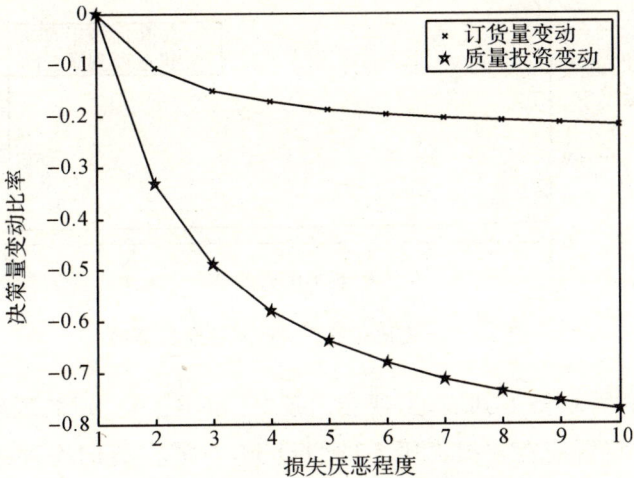

图 3-2 损失厌恶程度对决策变动的影响

接下来考察损失厌恶对零售商效用变动与供应商利润变动的影响,如图 3-3 所示。根据上述分析,当供应商产品质量水平下降时,零售商并不会通过增加订货来满足产品需求,而是减少订货,结果是导致更低的供应商产品质量水平。因此,若零售商存在损失厌恶,当其不增加订货量时,产品由于质量问题而逐渐退出市场,零售商和供应商便可能陷入经典的"囚徒困境",即双方均没有从中获得利益。但有趣的是,依据仿真结果,事实并非如此。

当零售商损失厌恶程度加深时,零售商效用会略微下降,但是供应商的利润却有较大增加,这意味着供应链整体利润增加了。之所以会出现上述的结果主要原因有两点:第一,供应商大量缩减质量改进投资,使得其利润有所增加;第二,零售价格并未下降,零售商因订货减少利润有所下降,但供应商利润的增加大于零售商效用的减少,因此供应链总体利润是增加的。

不过,值得注意的是,此时消费者成了最终的受害者。产品的价格并没有随着质量的下降而降低,同时由于零售商订货减少,市场供应相应减

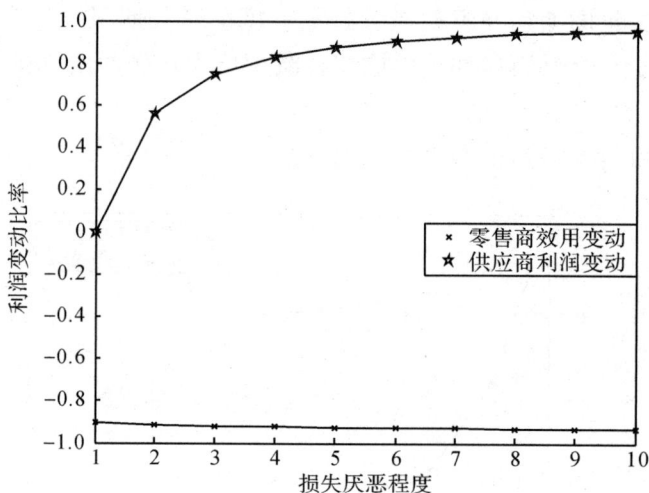

图 3-3　损失厌恶程度对利润变动的影响

少,消费者的需求得不到满足,便会出现"劣币驱逐良币"的现象。

本节在零售商存在损失厌恶的假设下,对零售商的库存决策和供应商的质量投资决策进行了研究,对比分析了完全理性和损失厌恶有限理性下的结果,讨论了损失厌恶对均衡结果的影响,并初步考虑了期权合同的设计与使用,主要结论有:

首先,在零售商存在损失厌恶时,零售商会减少其最终订货量,而供应商则会更大比例地减少其产品质量投资,导致产品质量水平下降,消费者利益受损。

其次,双方决策结果的改变对各自利润的影响是不同的。损失厌恶使得零售商的利润下降,而供应商却由于大幅削减质量投资成本从中受益。因此,在市场需求得不到有效满足的情况下便会出现"劣币驱逐良币"的现象。

最后,站在消费者角度,采取有效的供应链协调机制势在必行,期权合同可以在一定程度上有效减弱零售商的损失厌恶程度,使市场达到更高的运行效率。本节证明了,在同时存在基本订货合同和期权购买合同时,对于零售商而言存在最优的合同购买组合,对于供应链而言存在稳定均衡结果,但是该均衡结果在一定程度上受到供应商质量投资和期权合同设计的影响。当供应商确定其质量投资和期权合同后,零售商便可以确定其最佳合同组合。

　　本节主要基于单期报童问题讨论了损失厌恶对供应链成员库存决策和供应商质量投资决策的影响,并初步探讨了期权合同在损失厌恶的零售商购买产品中的作用,但本节的讨论仍有诸多假设限制,未来可以考察多期动态库存决策,并更加细致地研究期权合同对供应链成员绩效的影响。

3.2 基于收益共享契约的质量协调策略

　　供应链收益共享契约是指零售商将一定比例的销售收益付给供应商,从而通过获得较低的批发价格或其他方式,改进供应链运作绩效的一种协调方式。正如 Cachon(2000)的研究所述,收益共享契约首先运用于影碟租赁行业,其一度被广泛应用并推广到其他行业。但是,研究人员发现,在很多行业中收益共享契约表现得并不是很好。正因为如此,先后有Chauhan & Proth(2003)、王勇和裴勇(2006)、叶飞和黄宝凤(2011)等人从不同角度分析了收益共享契约下供应链成员的共赢性问题。研究表明,收益共享契约只有在特定的行业及特定的环境下才能对企业产生正面的影响。第一,管理成本较低。使用收益共享契约时,供应商获得零售商一定比例的收益,所以需要对零售商的收益进行全面的衡量,这势必会耗费一定的管理成本。对于影碟租赁行业来说,每盒影碟都有条码系统来记录它的出租情况,从供应商的角度看,可以很容易通过信息系统对零售商的收益情况进行衡量,花费的管理成本比较低。但在某些情况下,供应商使用收益共享契约所获得的利润低于其所带来的管理成本,此时不宜使用收益共享契约。第二,零售努力对需求的影响不大。如果零售商的销售努力对需求具有很大的影响,收益共享契约就难以对供应链成员的行为进行协调。但是,当零售商的努力对商品需求产生的影响较小时,供应商能够通过选择收益共享契约来提高利润。本节在以往研究的基础上,引入收益共享契约,研究以卖方为主导的供应链中,供应链成员如何设计供应链契约及进行行为决策,从而实现供应链质量管理协调的帕累托最优。

　　郭福利(2009)在充分考虑产品残存价值及缺货损失的情况下,通过收益共享契约分析供应链成员进行协调的问题,并结合报童问题对零售商的最优决策进行分析,进而验证收益共享契约在供应链协调中的有效性。本节正是基于此研究进一步分析收益共享契约对供应链质量协调的影响作用。

3.2.1 模型描述

本节讨论的是由一个供应商和一个零售商构成的供应链,如图 3-4 所示。在销售季节开始之前,供应商根据对市场的预测设定自身的质量努力水平,零售商也根据对市场需求的预测提出其订购量,并且以既定的零售价格进行出售。在采用收益共享契约的情境下,供应商可以获得零售商销售产品后的一部分收益,并确定自己的质量努力水平;零售商则通过改变订购量实现对利润的调节,这能够在一定程度上影响供应商的质量努力水平。

对于供应商和零售商而言,质量努力、分成比例和订购量是需要决策的变量,其中质量努力、分成比例由供应商决定,订购量由零售商决定。本节主要研究供应商为主导方,零售商为跟随者的 Stackelberg 博弈模型。供应商先确定其质量努力水平和分成比例,零售商再确定其订购量。

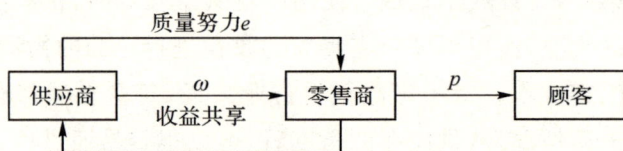

图 3-4 以供应商为主导的供应链质量协调策略

3.2.2 符号说明和假设

供应链中的供应商和零售商都是风险中性的。假设产品已经在市场中销售了一段时间,销售价格是不变的。

p:零售商出售商品的价格;

w:买方订购货物的批发价格;

q:零售商向供应商的订货量;

c_s:供应商的生产成本;

x:市场的实际需求量,符合伽马分布;

$f(x)$:随机需求 $S(q)$ 的密度函数;

$F(X)$:随机需求 $S(q)$ 的分布函数,$F(X)$ 是关于 x 的连续、可微、可逆的严格递增函数,$F(0)=0$;

e:供应商的质量努力水平;

v:产品的残存价值;

s:产品的损失价值;

K:供应商的质量努力成本;

ϕ:收益共享契约的分成比例;

$\prod_R$:零售商的利润;

$\prod_S$:供应商的利润。

零售商向供应商订货的量 q 满足:

$q=q_{min}+\beta e$,其中 q_{min} 为零售商的最小订购数量,$\beta>0$,意味着订购量会随着供应商质量努力水平的提高而增加。

供应商的质量努力成本 K 的计算方法为:$K=\dfrac{ke^2}{2}$,$k>0$。

3.2.3 模型求解

下文将讨论三种情况下的均衡:一是集中决策(CD),二是分散决策(DD),三是使用收益共享契约的决策(RS)。

(1)集中决策

在此情况下供应商的利润:

$$\prod_S=wq-\frac{ke^2}{2}-c_S q \tag{3-10}$$

零售商的利润:

$$\prod_R=\begin{cases}xp-qw+v(q-x),&q>x\\pq-qw-s(x-q),&q<x\end{cases}。$$

假设 $S(q)=E_{min}(x,q)$ 为期望需求量,$I(q)=E(q-x)^+$ 为期望剩余量,$T(q)=E(x-q)^+$ 为期望缺货量,则零售商的期望利润为:

$$\prod_R=pE_{min}(x,p)-c_R q-sE(x-q)^++vE(q-x)^+-wq \tag{3-11}$$

则整条供应链的利润为：

$$\prod_{\mathrm{C}} = pE_{\min}(x,p) - cq - sE(x-q)^{+} + vE(q-x)^{+} - \frac{ke^2}{2} \tag{3-12}$$

其中，期望需求量为：

$$S(q) = \int_0^q [1-F(x)] \, \mathrm{d}x \tag{3-13}$$

则零售商的期望剩余量为：

$$I(q) = E(q-x)^{+} = q - S(q) \tag{3-14}$$

零售商的期望缺货量为：

$$T(q) = E(x-q)^{+} = \mu - \alpha e - S(q) \tag{3-15}$$

根据一阶条件可知：

$$\frac{\partial \prod_{\mathrm{C}}}{\partial q} = p - pF(q) - c_{\mathrm{R}} + s - sF(q) + vF(q) = 0 \tag{3-16}$$

$$\frac{\partial \prod_{\mathrm{C}}}{\partial e} = 0$$

$$F(q) = \frac{p - c_{\mathrm{S}} + s}{p + s - v}, \quad q^{\mathrm{CD}} = F^{-1}\left(\frac{p - c_{\mathrm{S}} + s}{p + s - v}\right) \tag{3-17}$$

$$e^{\mathrm{CD}} = \frac{F(q)\beta(v - s - p) + \beta(p - c_{\mathrm{R}} + s) + s\alpha}{k} \tag{3-18}$$

（2）分散决策

此时供应链中的成员从自身利润最大化的角度出发进行决策，而不是考虑整条供应链利润的最大化。

零售商的利润为：

$$\prod_{\mathrm{R}} = pS(q) - sT(q) + vI(q) - wq \; 。$$

根据一阶条件可得：

$$F(q) = \frac{p - w + s}{p + s - v}, \quad q^{\mathrm{DD}} = F^{-1}\left(\frac{p - w + s}{p + s - v}\right) 。$$

供应商的利润为：

$$\prod_{\mathrm{S}} = wq - \frac{ke^2}{2} - c_{\mathrm{S}}q \; 。$$

根据一阶条件可得：

$$e^{\mathrm{DD}} = \frac{(w - c_{\mathrm{S}})\beta}{k} 。$$

此时供应商的利润为：

$$\prod_{S}^{DD} = F^{-1}\left(\frac{p-w+s}{p+s-v}\right)(w-c_S) - \frac{(w-c_S)^2\beta^2}{2k}。$$

零售商的利润为：

$$\prod_{R}^{DD} = (p+s-w)F^{-1}\left(\frac{p-w+s}{p+s-v}\right) - (p+s-v)\int_0^q F(x)\mathrm{d}x - s\mu。$$

由于 $c_S < w$，可知 $p-c_S+s > p-w+s$；由于 $F(X)$ 是增函数，可得 $q^{CD} > q^{DD}$，即当供应链中采用分散决策所取得的最优订购量小于集中决策下的最优订购量。

（3）使用收益共享契约的决策

在运用收益共享契约时，供应商先确定其质量努力水平及收益分配系数，零售商再确定其订购量。

对于风险中性的零售商和供应商而言，在契约执行后，零售商的利润为：$\prod_{R}^{RS} = \phi p S(q) - wq - \phi s T(q) + \phi v I(q)$，即

$$\prod_{R}^{RS} = \phi p E_{\min}(q,x) - wq - \phi s[\mu - E_{\min}(q,x)] + \phi v[q - E_{\min}(q,x)] \tag{3-19}$$

按照逆向归纳法，对式（3-19）求导可得：

$$\frac{\partial \prod_{R}^{RS}}{\partial q} = \phi p - \phi p F(q) - w + \phi s - \phi s F(q) + \phi v F(q) = 0$$

$$q^* = F^{-1}\left[\frac{\phi p + \phi s - w}{\phi(p+s-v)}\right] \tag{3-20}$$

供应商的利润为：

$$\prod_{S}^{RS} = (1-\phi)p E_{\min}(q,x) + wq - c_{S1}q - (1-\phi)sE(x-q)^+ + (1-\phi)vE(q-x)^+ - \frac{ke^2}{2} \tag{3-21}$$

此时，供应商需同时确定自身的质量努力水平 e 及利润分成比例 ϕ。将式（3-20）代入式（3-21），根据一阶条件可得：

$$\begin{cases} \dfrac{\partial \prod_{S}^{RS}}{\partial \phi} = -pS(q) + (1-\phi)p[q'-F(q)q'] - c_S q' + s[5-q+\int_0^q F(x)\mathrm{d}x] \\ \qquad -(1-\phi)s[F(q)q'-q'] - v\int_0^q F(x)\mathrm{d}x + (1-\phi)vF(q)q' = 0 \\ \dfrac{\partial \prod_{S}^{RS}}{\partial e} = (1-\phi)F(q)\beta(s+v-1-p) + \beta[(1-\phi)p+w-c_S] - ke = 0 \end{cases}$$

化简可得：$q' = \dfrac{w}{\phi(\phi p + \phi s - w)}$。

由于 ϕ 和 e 的表达式非常复杂，此处不再给出两者的表达式，下文将通过数值分析进行讨论。

3.2.4 数值分析

假设供应商生产某个短生命周期产品，相关参数说明如下：$c = 8$，$p = 18$，$w = 10$，$s = 2$，顾客需求服从伽马分布。

从图 3-5 可以看出，在质量努力成本参数 k 逐渐增加的过程中，三种情境下的供应商的质量努力水平都是递减的，但在使用收益共享契约的条件下，供应商的质量努力水平要高于分散决策的情境，这说明收益共享契约对于提升供应商的质量努力有一定的激励效应。

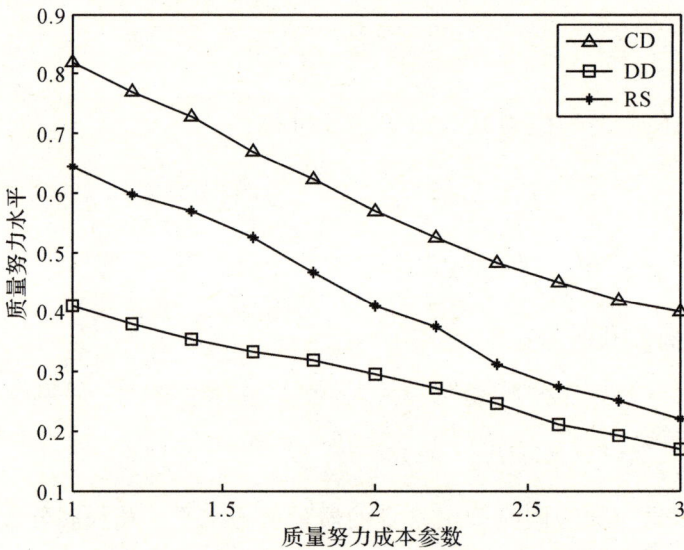

图 3-5　质量努力成本参数对质量努力水平的影响

由表 3-1 可知，在三种情境下，供应商与零售商的利润都随着质量努力成本参数的增加而下降。此外，在收益共享契约的条件下，供应商与零售商的利润虽然比集中决策的情况低，但均高于分散决策的情境，这说明收益共享契约能够实现帕累托改进，使得供应链成员的利润都获得改善。

表 3-1 质量努力成本参数对不同模式下成员利润的影响

质量成本参数	$\prod_S^{CD}$	$\prod_R^{CD}$	$\prod_S^{DD}$	$\prod_R^{DD}$	$\prod_S^{RS}$	$\prod_R^{RS}$
1.000 0	92.621 0	183.960 3	43.376 8	98.439 0	72.297 5	125.035 8
1.200 0	86.589 0	176.457 3	41.710 1	94.187 6	68.363 8	122.237 5
1.400 0	84.369 2	168.653 2	38.662 5	91.347 9	66.839 7	120.165 7
1.600 0	82.112 8	160.978 3	36.376 8	87.978 5	63.446 6	118.296 5
1.800 0	79.809 7	154.386 4	32.932 3	84.279 3	61.474 2	115.234 6
2.000 0	77.446 1	142.653 8	28.376 8	81.266 7	58.496 3	112.167 5
2.200 0	73.001 7	134.742 5	26.740 4	74.543 0	56.667 5	110.456 3
2.400 0	62.446 1	122.752 4	25.043 4	70.675 4	55.470 6	106.397 4
2.600 0	54.731 8	115.562 3	23.299 8	66.963 4	53.919 4	102.146 7
2.800 0	41.779 4	108.963 7	22.519 6	62.438 4	51.732 7	99.743 8
3.000 0	30.446 1	98.785 3	20.663 7	58.297 3	48.143 7	95.156 3

第4章 下游厂商作为领导者的供应链质量协调机制

第3章讨论了直线式供应链中上游厂商作为领导者的供应链质量管理,本章则讨论与之相对应的供应链中另外一种权力结构,即供应链下游厂商作为领导者的供应链质量管理。在现实中,供应链的下游企业作为领导者的现象是非常普遍的。很多大型的制造商,如丰田、戴尔等企业,凭借其在行业中雄厚的资金实力和卓越的品牌优势来实现对所在供应链的领导,通过指导供应商的质量改进活动、向供应商提供资金支持等多种手段提升整条供应链的质量管理水平。

以丰田汽车为例,汽车制造需要种类繁多的零部件,但其自制的零部件非常少,80%是由供应商提供的,因此丰田汽车整车的质量水平在很大程度上取决于供应商的质量水平。为了提升供应商的质量管理水平,丰田汽车采取了一系列措施。首先,引导供应商自主地进行质量改进活动,并协助供应商质量管理委员会开展活动,在必要时给予供应商质量控制方面的援助与指导。其次,设置丰田质量管理奖,每年从供应商中评选获奖企业,以此鼓励供应商投入更多的努力改进质量。最后,丰田公司将自己积累的全面质量管理的技术、经验和方法传授给供应商,提升了供应商的质量管理水平。在丰田公司的大力推动下,其供应商的质量管理水平取得了长足的进步。可见,下游厂商如果能够恰当发挥作用,能够在很大程度上提升供应链的整体质量水平。

本章将从供应链下游厂商的角度出发,探讨当其作为供应链中的核心时,应如何制订管理策略以提升整条供应链的质量水平。

4.1 基于收益共享契约的契约协调机制

传统的质量管理大多注重企业内部的质量改进,很少考虑与上下游企业协作进行质量控制。然而,"三鹿事件"、丰田汽车"召回门事件"及"真功夫排骨门"等质量问题事件的频频爆发告诉我们,供应链成员之间利益的不一致及分配的不合理可能会加剧供应链产品质量的恶化。以汽车零部件行业为例,某著名日资整车厂商对其零部件供应商执行"年度成本缩减"方案,即从零件首度交付开始,3 年之内零部件采购价格必须以每年 5% 的幅度递减。面对整车厂商这种价格导向策略,零部件供应商在遭遇近几年原材料价格上涨的压力时,为了压缩产品生产成本,实现利润最大化,不惜以低质伪劣产品替代合格品,直至产品质量事件的最终爆发。因此,在企业间合作日益紧密的今天,产品质量控制问题不是一家企业就能够解决的,供应链全体成员都应参与进来,通过协作以较低的供应链成本获得高质量的产品。

供应链质量控制议题已经引起了不少研究者的关注,现有文献主要从零售商检验策略、契约协调机制和跨期情境下的激励机制三个视角进行探讨。一部分研究着眼于分析零售商的检验策略对供应商质量努力水平的影响。张斌、华中生(2006)探讨了供应链的下游制造商应如何根据供应商产品的质量水平确定其抽检方案。Balachandran & Radharishnan(2005)研究了制造商如何通过基于外部失败信息或基于检验过程的担保/惩罚合同来诱导供应商进行质量选择。Wan & Xu(2008)在产品质量内生的条件下考察了零售商对供应商所提供产品的检查策略,并认为当损失成本大于某一临界点时,all-or-none 检查策略是最优的。通过契约来进行供应链质量控制决策也是研究的热点。李丽君、黄小原和庄新田(2005)运用委托代理理论的方法探讨了双边道德风险条件下供应链的质量控制策略。Kaya & Ozer(2009)探讨了外包中的质量风险,分析了质量可缔约与不可缔约两种情况下的决策均衡。Chao, Iravani & Savaskan(2009)讨论了如何通过共享产品召回成本来改进产品质量的契约设计问题。在契约协调机制的研究中,决策中的信息不对称问题被不少研究者关注。张翠华、黄小原(2003)建立了供应商和销售商的质量收益函数,重点考虑了非对称信息下的最优控制问题。徐庆、朱道立和李善良(2007)研究了零售商与供应商之间由于信息不对称引起的质量控制委托代理问题。Gurnani & Erkoc(2008)则发现,如果零售商的保留效用和信息不对称程度较高时,制造商可能倾向于采用固定费用分离合同,而不是一般特许合同。此外,跨期的质量控制问题也开始得到关注,王洁、陈功玉和钟祖昌(2008)提出了基于跨期约束的供应链动态质量激励机制。

从研究发展趋势来看,零售商的检验策略属于事后控制,在检验时质量缺陷已经产生,即便通过惩罚机制将维修成本转移给供应商,供应链的整体质量成本依然较高。因此,一些研究者开始研究供应链质量控制的契约协调机制以实现事前控制。但是,目前大部分的探讨主要基于经典委托代理理论中的契约协调机制,鲜有运用收益共享契约、回购契约等供应合同进行分析的文献。Chao,Iravani & Savaskan(2009)讨论了供应链成员之间如何共享召回成本,但对收益如何共享没有涉及。因此,本节尝试运用收益共享契约这一新思路研究供应链质量控制的契约协调机制。Cachon(2005)的研究表明,在很多情况下收益共享契约是可以最大化供应链利润的。事实上,供应商缺乏产品质量改进动力的原因之一就是无法共享由产品质量改进而增加的收益。

收益共享契约在近几年也是供应链契约协调机制研究的热点之一。Chauhan et al.(2005)借助收益共享合同分析了供应商和零售商之间的合作关系及风险分担机制。Yao & Zhang(2008)论证了由一个制造商与两个相互竞争的零售商构成的供应链中,制造商作为 Stackelberg 博弈领导者时,使用收益共享契约能够取得比使用批发价格契约更好的绩效。Bellantuono et al.(2009)则证明联合采用收益共享及提前订货折扣计划时的利益比单独采用其中一种计划的利益高。

基于上述文献,本节将收益共享契约引入供应链质量契约协调机制的研究中,运用动态博弈和逆向归纳法,在考虑零售商检验的情境下分析收益共享契约对于提升供应商质量努力程度、产品质量水平和供应链成员利润的作用。与现有探讨供应链质量控制机制的文献相比,本节的研究主要有如下两个特点:一是不再沿用经典委托代理理论的思路分析供应链质量控制的契约协调机制,而是运用收益共享契约设计零售商与供应商间的新型契约激励模式,以期以较低的成本获得供应链整体质量水平的较大改善;二是不仅分析了收益共享契约对供应商质量努力的促进作用,同时还考虑了零售商的检查策略及产品故障成本对供应链成员决策的影响,实用性更强,对指导供应链成员间契约的制订具有更好的参考价值。

4.1.1 模型假设

本节考察由单个供应商和单个零售商组成的两级供应链,零售商以单位价格 w 向供应商订货,并以零售价 p 将产品销售给终端客户。考虑单期的情形,制造商可以通过已有的售后反馈等手段获得供应商产品原来的缺陷率 λ_0;供应商则在接到订货数量 q 后选择其质量努力 $\eta > 0$,并产生成本 K,且 K 是关于 η 的递增凸函数,即 $K'(\eta) > 0, K''(\eta) > 0$。在本节的模型中,我们采用的质量努力成本函数为:

$$K = \frac{k\eta^2}{2} \tag{4-1}$$

其中,$k > 0$,k 为质量努力成本参数,类似的质量改进成本函数还被 Gurnani & Erkoc(2008),Kaya & Ozer(2009)等诸多文献采用。

假设供应商的质量努力可将产品缺陷率降至 $\lambda_1 = \lambda_0(1 - \eta)$。结合质量努力成本函数易知上述假设与现实相符,即供应商的质量努力将降低产品的缺陷率,但随着缺陷率的不断降低,要获得同样的质量改进所要付出的成本是不断增加的。

供应商的单位生产成本为 c,零售商收到供应商提供的产品后决定检验的概率 $\delta \in [0, 1]$,每检验一个产品发生检验成本 m。如果检验出故障品则退回供应商处维修,单位维修成本为 c_R。检验完毕后,零售商将数量为 q 的产品[包括 $q(1-\delta)$ 件未检验的产品]销售给终端客户。如果终端客户收到一件出现故障的产品,则零售商将损失 R,这包括由终端顾客退货引起的逆向物流成本、维修成本及商誉损失等。

我们用如下的线性需求函数来描述市场对产品的需求:

$$q = \alpha - \beta p + \gamma \eta + \varepsilon \tag{4-2}$$

需求函数中的参数满足 $\alpha, \beta, \gamma > 0$,且对供应商和零售商均为共同知识。$\gamma$ 表示供应商质量努力对需求量的影响程度。由于需求具有不确定性,用均值为 0 的变量 ε 描述市场需求的波动。Gurnani & Erkoc(2007),Kaya & Ozer(2009)也曾采用类似的需求函数。此外,假设 $\alpha - \beta p > 0$,即在不考虑质量改进对需求贡献和需求波动的影响的情况下,市场需求是正的。

销售产品产生的收益由两方分享,零售商可获得收益的份额为 θ,则

供应商可获得 $1-\theta$，因此供应商的期望利润为：

$$\prod_S = E(q)\left[(1-\theta)p + w - c - \delta\lambda_1 c_R\right] - \frac{k\eta^2}{2} \tag{4-3}$$

零售商的期望利润为：

$$\prod_R = E(q)\left[\theta p - w - \delta m - (1-\delta)\lambda_1 R\right] \tag{4-4}$$

供应链的整体期望利润为：

$$\prod_C = E(q)\left[p - c - \delta(m + \lambda_1 c_R) - (1-\delta)\lambda_1 R\right] - \frac{k\eta^2}{2} \tag{4-5}$$

由式(4-5)可知，$p > c + \delta(m + \lambda_1 c_R) + (1-\delta)\lambda_1 R$，该条件保证单位产品利润大于 0，此时理性的零售商才会销售产品。

最后，假设 η 满足 $\frac{\partial \eta}{\partial \delta} > 0$，这与现实情况是相符的，即在其他条件不变的情况下，随着零售商对产品检验概率的增加（检查更严格），供应商将会提升质量努力程度。

4.1.2 模型描述

(1)供应商与零售商合作情形(CO)

如果供应商与零售商合作，它们可以通过供应链整体利润最大化得到最优解。虽然这一结果在现实中往往因供应链成员追求自身利益最大化而难以实现，但依然有助于我们分析利益共享契约能够在多大程度上协调供应商与零售商的质量控制行为。该情形下的目标是追求供应链整体利润最大化，即：

$$\max_{p,\eta} E(q)\left[p - c - \delta(m + c_R\lambda_1) - (1-\delta)\lambda_1 R\right] - \frac{k\eta^2}{2} \tag{4-6}$$

命题 4-1 如果供应商与零售商合作，存在两种可能的最优方案。

①零售商对所有产品都进行检查，供应商投入质量努力为：

$$\eta^{CO^1} = \frac{(\gamma + \beta c_R \lambda_0)\left[\alpha - \beta(c + m + c_R \lambda_0)\right]}{(\gamma + c_R \beta \lambda_0)^2 - 2\beta k}。$$

②零售商对所有产品都不进行检查，供应商投入质量努力为：

$$\eta^{CO^0} = \frac{(\gamma + \beta R \lambda_0)\left[\alpha - \beta(c + R \lambda_0)\right]}{(\gamma + \beta R \lambda_0)^2 - 2\beta k}。$$

当 $\prod_C^{\eta^{co^1}} > \prod_C^{\eta^{co^0}}$ 时，① 情况下是最优解，否则 ② 情况下是最优解。

证明:若供应商与零售商合作,当检验成本较低时,质量控制的责任由零售商承担,反之则由供应商承担,因此存在两种可能的最优方案。接下来分别求两种方案下供应商的质量努力。由式(4-5)根据一阶条件可得:

$$\frac{\partial \prod_C}{\partial p} = -2\beta p + (\gamma - A\beta\lambda_0)\eta + \alpha + \beta(c + \delta m + A\lambda_0) = 0,$$

$$\frac{\partial \prod_C}{\partial \eta} = (\gamma - A\beta\lambda_0)p + (2A\gamma\lambda_0 - k)\eta - \gamma(c + \delta m + A\lambda_0) + A\alpha\lambda_0 = 0,$$

其中 $A = \delta c_R + (1 - \delta)R$。

若 $\delta = 1$,由以上两式联立求解可得:

$$\eta^{CO'} = \frac{(\gamma + \beta c_R \lambda_0)[\alpha - \beta(c + m + c_R \lambda_0)]}{(\gamma + c_R \beta \lambda_0)^2 - 2\beta k}。$$

类似地,若 $\delta = 0$,可得: $\eta^{CO^0} = \dfrac{(\gamma + \beta R \lambda_0)[\alpha - \beta(c + R \lambda_0)]}{(\gamma + \beta R \lambda_0)^2 - 2\beta k}$。

由于目标是供应链整体利润最大化,因此要比较 $\prod_C^{\eta^{co^i}}$ 与 $\prod_C^{\eta^{co^0}}$,两者间大的为最优解。

证毕。

(2)收益共享契约协调情形(RS)

使用收益共享契约时供应链成员的决策时序如图 4-1 所示。

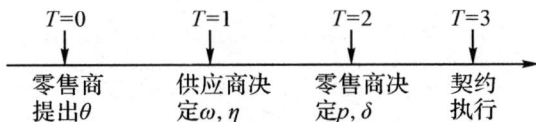

图 4-1　供应链成员决策时序

根据逆向归纳法首先考虑零售商的决策,根据式(4-4)的一阶条件可得:

$$\frac{\partial \prod_R}{\partial p} = -\beta(\theta p - w + \lambda_1 R + \delta m - \delta\lambda_1 R) + \theta(\alpha + \gamma\eta - \beta p) = 0。$$

对上式变换可得: $p = \dfrac{\alpha + \gamma\eta}{2\beta} + \dfrac{w + \lambda_1 R + \delta m - \delta\lambda_1 R}{2\theta}$。

将 p 代入 q 可得：$q = \dfrac{\alpha + \gamma \eta_S - \beta / \theta (w + \lambda_1 R + \delta m - \delta \lambda_1 R)}{2}$。

接下来再考虑供应商的决策，根据一阶条件可得：

$$\frac{\partial \prod_S}{\partial w} = \frac{\partial q}{\partial w} \left[(1-\theta) p + w - c - \delta c_R (1-\eta) \lambda_0 \right] + \left[(1-\theta) \frac{\partial p}{\partial w} + 1 \right] q$$

$$= 0 \tag{4-7}$$

$$\frac{\partial \prod_S}{\partial \eta} = \frac{\partial q}{\partial \eta} \left[(1-\theta) p + w - c - \delta c_R (1-\eta) \lambda_0 \right] + (1-\theta) \frac{\partial p}{\partial \eta} q - k\eta = 0 \tag{4-8}$$

将式（4-7）、式（4-8）联立，并代入 p, q 可得：

$$\eta^{RS} = -\frac{\{\gamma + \beta[\delta c_R + (1-\delta) R] \lambda_0\} \{\alpha - \beta(c + \delta m) - \beta[\delta c_R + (1-\delta) R] \lambda_0\}}{\{\gamma + \beta[\delta c_R + (1-\delta) R] \lambda_0\}^2 - 2k\beta(1+\theta)}$$

需要指出的是，当 $\theta = 1$ 时，供应商与零售商不合作（NC），收益全由零售商获得，收益共享契约也就变为了一般的批发价格契约。

供应商对 $\delta = 0$ 的最优反应为：

$$\eta^{RS^0} = -\frac{(\gamma + \beta R \lambda_0)[\alpha - \beta(c + \delta m + R \lambda_0)]}{(\gamma + \beta R \lambda_0)^2 - 2k\beta(1+\theta)}$$

供应商对 $\delta = 1$ 的最优反应为：

$$\eta^{RS^1} = -\frac{(\gamma + \beta c_R \lambda_0)[\alpha - \beta(c + m + c_R \lambda_0)]}{(\gamma + \beta c_R \lambda_0)^2 - 2k\beta(1+\theta)}$$

命题 4-2　η^{RS} 是 γ 和 λ_0 的增函数，是 θ 和 k 的减函数。

证明： 由 $\alpha - \beta p > 0$，$p > c + \delta(m + \lambda_1 c_R) + (1-\delta) \lambda_1 R$ 和 $\lambda_1 > \lambda_0$ 易知：

$\alpha - \beta(c + \delta m) - \beta[\delta c_R + (1-\delta) R] \lambda_0 > 0$。

令 $\mu = [\delta c_R + (1-\delta) R] \beta \lambda_0$，$v = \alpha - \beta(c + \delta m) - \beta[\delta c_R + (1-\delta) R] \lambda_0$，

那么，$\dfrac{\partial \eta^{RS}}{\partial \gamma} = v \dfrac{(\gamma + \mu)^2 + 2k\beta(1+\theta)}{[(\gamma + \mu)^2 - 2k\beta(1+\theta)]^2} > 0$，所以 η^{RS} 是 γ 的增函数。

类似可证明 η^{RS} 是 λ_0 的增函数。此外，由 η^{RS} 的表达式易知 η^{RS} 为 θ 和 k 的减函数，在此不再赘述。

证毕。

由命题 4-2 可知，首先，由于 η^{RS} 是 θ 的减函数，收益共享契约对于提升供应商的质量努力程度的作用是毋庸置疑的。但若零售商提升自己所获得的收益份额 θ，供应商的质量努力水平将下降，这是因为供应商能从

提升质量努力程度所增加的销售额中获得的收益减少,挫伤了其进行质量努力的积极性。其次,若供应商的质量努力对需求量影响程度(γ)增大,供应商的质量努力程度将上升。这很容易理解,供应商付出同样的质量努力能够产生更多的需求,能够从中获益,自然会更加努力。再次,当原来的缺陷率 λ_0 降低时,供应商的质量努力程度会下降。这告诉我们,当供应商的产品质量高的时候,零售商更应注意对其质量努力的监督。最后,随着 k 增加,供应商的质量努力程度会下降。显然,如果供应商认为质量改进的成本太高,质量改进所带来销售收入的增加无法弥补增加的成本,它自然会降低质量努力程度以获得成本的节约。因此,采用成本低的质量改进方法对于提升供应商的质量努力程度有很大的帮助。

　　下文将考察收益共享契约情形下供应商与零售商的质量控制博弈均衡问题,为此先讨论供应商质量努力与零售商检查策略的关系。

　　引理 4-1　若 $\eta_S < 1 - \dfrac{m}{R\lambda_0}$,则 $\delta = 1$;$\eta_S > 1 - \dfrac{m}{R\lambda_0}$,则 $\delta = 0$;若 $\eta_S = 1 - \dfrac{m}{R\lambda_0}$,则 $\delta \in (0,1)$。

　　证明:若 $\lambda_1 R - m > 0$,即 $\eta_S < 1 - \dfrac{m}{R\lambda_0}$ 时,对于零售商而言,如果单位产品因质量低劣而导致的损失大于检验成本时,应该全部检验,即 $\delta = 1$。类似可证明其余结论,不再赘述。

　　命题 4-3　令 $t = 1 - \dfrac{m}{R\lambda_0}$,那么,

①当且仅当 $t > \eta^{RS^1}$ 时,$\delta = 1$,$\eta = \eta^{RS^1}$ 是纳什均衡;

②当且仅当 $t < \eta^{RS^0}$ 时,$\delta = 0$,$\eta = \eta^{RS^0}$ 是纳什均衡;

③当且仅当 $\eta^{RS^0} \leqslant t \leqslant \eta^{RS^1}$ 时,混合策略是纳什均衡。

　　证明:令 $t = 1 - \dfrac{m}{R\lambda_0}$,则可将引理 4-1 的结论以图 4-2 中的粗实线表示。

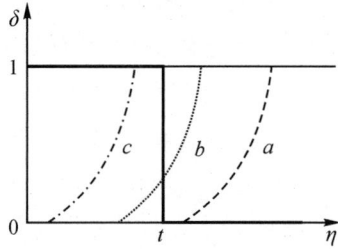

图 4-2 非合作时的均衡解

由于 $\frac{\partial \eta}{\partial \delta} > 0$，根据供应商质量努力对检验概率 δ 的反应函数可得如上图 4-2 所示的 a,b 和 c 三种纳什均衡状态。

证毕。

接下来考虑零售商的最优收益份额 θ，根据式（4-4）的一阶条件可得：

$$\frac{\partial \prod_R}{\partial \theta} = \frac{\partial p}{\partial \theta}[\theta p - w - \delta m - (1-\delta)(1-\eta)R\lambda_0] +$$

$$\left[p + \frac{\partial p}{\partial \theta} - \frac{\partial w}{\partial \theta} + (1-\delta)\frac{\partial \eta}{\partial \theta}R\lambda_0\right]q = 0 \qquad (4-9)$$

将 η^{RS} 和 w^{RS} 代入即可求得 θ，但其表达式较复杂，不再给出。

4.1.3 均衡结果分析

为了进一步了解与批发价格契约相比，收益共享契约对提升供应商质量努力程度的作用和进行供应链质量控制契约协调的效果，以及使用收益共享契约的限制条件，我们通过数值分析来考察。令 $\alpha = 100, \beta = 5$，$\lambda_0 = 0.02, c = 3, m = 0.2, c_R = 2.5, R = 5, k = 2\,000, \gamma \in [50,90]$。本节所采用的仿真数据来自产品质量缺陷率（$\lambda_0$）较为稳定、外部故障成本（$R$）不高的零售业，如服装及白色家电零售业。外部故障成本很高（如严重的食品质量问题）、产品质量缺陷率不稳定（如新产品上市）等情境不在考察范围内。下文我们将通过改变供应商质量努力对需求量影响程度（γ）及质量努力成本参数（k）等参数来考察各变量对收益共享比例（θ）和供应链质量水平和利润改善的影响。

由表 4-1 可知，与批发价格契约相比，采用收益共享契约能够使零售商和供应商的利润都有所提升。并且随着供应商质量努力对需求量影响程度(γ)的加深,两者利润提升的速度也不断加快。这意味着供应商质量努力对需求量的影响程度越大,使用收益共享契约的效果就越好。

表 4-1　γ 对不同情境下供应链成员及总利润的影响

γ	$\prod_R^{RS}$	$\prod_R^{NC}$	$\prod_S^{RS}$	$\prod_S^{NC}$	$\prod_C^{RS}$	$\prod_C^{NC}$	$\prod_C^{CO}$
50	102.30	101.83	203.71	190.66	306.01	292.49	409.19
60	109.25	108.14	218.09	196.48	327.34	304.62	422.01
70	118.76	116.38	236.20	203.83	354.96	320.21	475.07
80	132.03	127.10	265.24	213.02	397.27	340.12	528.13
90	151.14	141.13	305.01	224.47	456.15	365.60	604.61

但是,我们也注意到一个有趣的现象,虽然零售商可以通过选择收益分享比例 θ 适当优化其利润,但它从收益共享契约中获得的收益不如供应商多。也就是说,采用收益共享契约所产生的利润增加大部分都被供应商获得了。这可能是因为在决策时序中,供应商先确定批发价格和质量努力,而零售商后确定零售价格和检验概率,供应商的先发优势使得零售商无论如何确定 θ 都无法获得很大收益。

此外,由表 4-1 易知,当 γ 较小时,收益共享契约对供应链整体利润的改善效果并不好。随着 γ 增大,收益共享契约对供应链整体利润的改善会增大。但是,与供应商和零售商合作的情境相比,收益共享契约对供应链整体利润的改善效果不明显。

由图 4-3 易得,与批发价格契约相比,收益共享契约更能够改善供应商的质量努力,但 γ 较小时这种改善几乎可以忽略不计,只有当 γ 较大时改善才是明显的。但需要指出的是,虽然收益共享契约对于 η 有一定的改善效果,但与零售商和供应商合作的情形相比,随着 γ 的增大,η 的差距逐渐加大,这说明收益共享契约对于改善供应商质量努力的作用较为有限。最后,值得一提的是,随着 γ 增加,θ 不断减小,这说明当质量努力对于产品需求提升的作用增加时,零售商更加愿意与供应商分享收益,而这也使得供应商投入更多的精力改进产品质量。

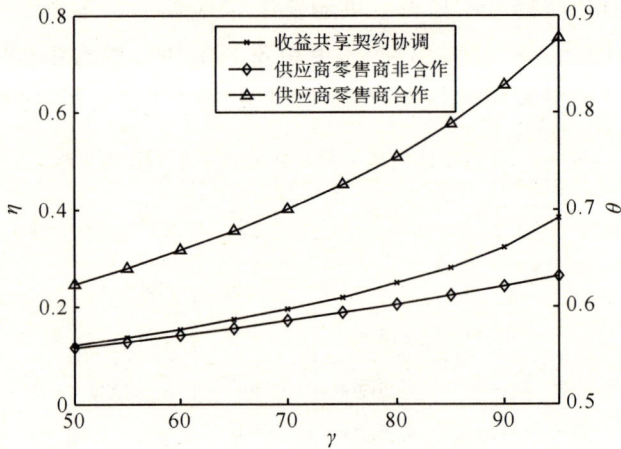

图 4-3 γ 对 θ 及 η 的影响

接下来考察 k 对供应链利润的影响。k 增大意味着在相同的质量努力下,供应商的质量改进成本会更高。由图 4-4 可知,k 的增大对不同情形下零售商和供应商的利润都会产生负面影响。因为成本的增加是由供应商造成的,所以大部分由供应商承担。需要特别注意的是,收益共享契约的协调效果也会随着 k 的增加而减弱。考虑到实施收益共享契约的成本要高于批发价格契约,当 k 较大时,零售商使用收益共享契约反而得不偿失。

本节探讨了收益共享契约对供应商质量努力及供应链成员利润的影响,主要结论有以下几点:

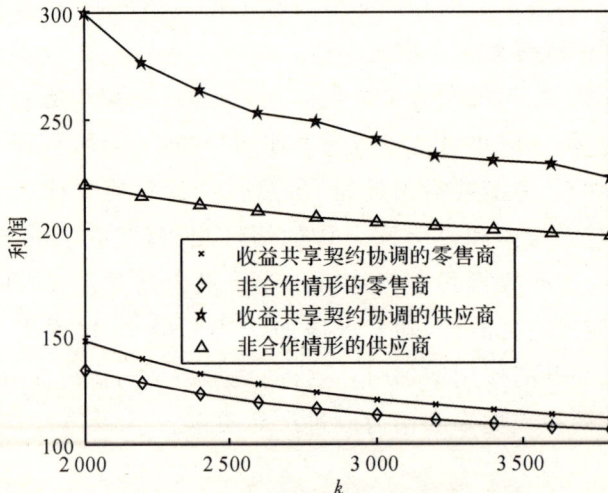

图 4-4 k 对供应链成员利润的影响

第一，在不考虑收益共享契约缔约成本的条件下，与批发价格契约相比，收益共享契约能较好地改善供应商质量努力和供应链成员的收益，但其条件是供应商质量努力对需求量影响程度（γ）较大。这意味着，供应商的质量努力越能够被最终顾客感知并增加其产品的消费量，供应商就越有动力进行质量改进。以 B2C 电子商务企业为例，凡客诚品的供应商之所以愿意不断进行质量改进是因为顾客需求对产品质量的提升非常敏感，这种情况下使用收益共享契约效果会比较明显。反之，白色家电零配件供应商的质量改进动力就会不足，因为一个供应商的质量改进对最终产品销量提升的影响是微乎其微的。

第二，使用收益共享契约所获得的增加利润大部分被供应商所获得，并且随着产品质量改进对需求量影响程度（γ）的加深，供应商获利的比重会有所增加。该结论表明，虽然零售商是收益共享契约的发起者，但在分享由收益共享契约所产生的利润方面却处于劣势。如果考虑到收益共享契约的缔约成本，零售商获得的利润就会更少，这直接影响了其采用收益共享契约的积极性。而且，随着供应商质量努力对顾客需求影响程度越深，零售商能够分得的利润份额就越少，零售商采用收益共享契约的意愿会越弱。

第三，质量努力成本参数的增加会对收益共享契约的改善作用造成负面影响，供应商将成为所增加质量成本的主要承担者。这表明，当供应商不容易获得质量改善，或需要投入大量资源才能提升质量时，收益共享契约的协调作用就会大打折扣，而且由于供应商承担了由此导致的大部分成本，这也使得供应商没有动力进行质量改进。

当然，本节的讨论仅仅是考虑一个供应商和一个零售商的情形，但在现实中供应商端或者零售商端往往会存在竞争，这种竞争对于供应链成员的质量努力及质量控制决策会造成一定影响，因此考虑一对多或多对一的供应链结构下的供应链质量控制协调策略将是下一步的研究方向。

4.1.4 关于收益共享契约的进一步讨论

作为核心企业的供应链下游厂商使用收益共享契约的主要目的是，通过让渡部分收益来激励供应商，保证其质量投入获得应得的回报，从而维持供应链的长期协调。在核心企业的经营状况好的时候，这套机制使得总体收益在供应链上下游企业间合理分配,供应链的全体成员都会对产品质量进行关注,这有助于形成较优良的产品价值、品牌和声誉,进而获得较高的供应链总体收益。

但是,当市场环境恶化时,在一些特定的商业情境下,收益共享契约也可能会产生一些负面作用。在丰田汽车"召回门事件"中,有些专家就认为收益共享契约起到了推波助澜的作用。丰田与上下游配套零部件企业采用的是"排他性"的紧密合作方式,丰田通过收益共享使供应商获益。这些供应商依赖于丰田的订单,使得丰田拥有对这些供应商绝对的控制权。为了降低成本,丰田大力推广零部件通用化,一度将汽车车门的扶手类型由原来的 35 种减少为 3 种。通用化策略扩大了丰田单一品种零部件的采购规模,提高了零部件配套厂商的产量,降低了丰田的零部件采购成本。但是,由于金融危机的影响,全球汽车需求量锐减,丰田也不得不削减产量,零部件供应商的产量也因此大幅减少。由于金融危机前零部件供应商的设备投资完全针对的是丰田的需求,过剩的产能导致成本压力大增。在这种情况下,零部件供应商有可能通过牺牲质量来缓解成本压力,这是导致丰田汽车"召回门事件"发生的重要原因。

4.2 决策者过度自信视角下的供应链质量协调机制

上一节的研究是基于完全理性人的假设,但现实情境中决策主体的行为往往是有限理性的,这使得研究结论与现实存在偏差。Khouja (1999)的研究表明,企业的订购行为与报童模型的最优解有系统化的偏差,Sehweitzer & Cachon(2000)也通过实验研究印证了这一现象。Croson et al.(2008)从过度自信的视角对这一现象做出了解释。大量的研究也表明,决策者在决策过程中会表现出过度自信的倾向。Weinstein (1980)认为,人们总是趋于过高估计自身的知识和能力水平及对成功的贡献度,Fischhoff et al.(1977)证明了人们总是过高估计其所掌握的信息的精确性,Malmendier et al.(2005)也对此现象提供了证据。因此,部分学者开始将过度自信行为纳入供应链库存管理和契约协调机制的研究中。袁胡骏等(2012)以报童模型为背景,研究了具有过度自信行为倾向的零售商对市场需求的信念存在偏差时的决策行为。研究结果表明,零售商的订购决策总是偏离于完全理性下的最优决策,且过度自信越明显,其偏离程度越深。周永务等(2012)研究了对需求的期望均值及方差预测都存在偏差的过度自信的零售商,并计算了零售商的利润损失与过度自信程度和订购偏差的关系。赵道致、吕昕(2011)则将过度自信引入传统的 VMI 模型之中,探讨了随机需求下供应商的过度自信程度对零售商和供应链系统产生的影响机理。

虽然过度自信行为已引起学者们的注意,并被引入供应链库存管理和协调机制的研究中,但鲜见考虑质量议题的相关研究。事实上,供应链成员在进行质量和库存管理决策时往往会出现过度自信的行为。例如,零售商可能会更倾向于根据自己所设想的产品质量对市场需求的影响而制订运营决策,忽视真实的市场需求。因此,本节将研究过度自信情境下基于报童模型的供应链库存管理决策问题,并考虑质量投资行为和质量问题惩罚机制,以探索供应链质量管理的优化策略。本节所讨论问题的主要创新之处在于:一是将过度自信这一有限理性行为引入供应链质量控制机制的研究中,考察过度自信对完全理性决策结果的冲击;二是拓宽了已有研究的假设,探讨了同时考虑供应商质量投资、零售商惩罚机制的库存管理模式选择问题,使研究更加贴近现实,对供应链核心企业决策具有更好的借鉴意义。

4.2.1 模型假设

考察由一个供应商 S 和一个零售商 R 组成的二级供应链,供应商以单位成本 c 生产产品,并以批发价格 w 向零售商及时供货。零售商以 p 的零售价格销售产品,期末未销售出的单位产品残值为 v,假设 $p>w>c>v$。零售商端面临的是典型的报童问题,决策者需要确定零售商处的库存量 q,在此库存量下产品预期销售量为 $S(q)$,期末库存量为 $I(q)$。

供应商的质量投资为 $i\in(0,1)$,产生的质量投资成本为 $ki^2/2$。其中,$k(k>0)$ 为供应商的质量投资成本参数,类似的质量投资成本函数还被 Kaya et al.(2009)等诸多文献采用。假设初始产品不合格品率为 θ,产品质量改进与质量投资间存在线性关系,质量投资越高,质量改进越大,即在该投资条件下产品出现质量问题的概率为 $\theta(1-i)$。

考虑到供应商的质量努力,零售商对采购的产品并不立即进行逐一检测,而是与供应商约定,在质量问题发生后供应商除了无条件更换产品外,还要接受一定的惩罚,惩罚成本占生产成本的比例为 λ。

市场实际需求 D 服从正态分布 $N(\mu, \sigma^2)$,需求的概率分布函数和概率密度函数分别为 $F(x)$ 和 $f(x)$。但是,供应商或零售商对产品需求的预测存在过度自信行为,表现为进行需求预测时会更加相信零售价格和质量投资对需求的影响,亦有研究称之为垄断需求。本节借鉴 Croson et al.(2008)的研究,并假设过度自信的决策者存在过高估计和过度精确的倾向,考虑过度自信的预期市场需求函数为:

$$D_j = \alpha_j(a - bp + \beta i) + (1 - \alpha_j)D \tag{4-10}$$

其中,$j = s$ 表示供应商,$j = r$ 表示零售商,$j = c$ 表示整条供应链。$a - bp + \beta i$ 表示决策者心理预期的市场需求,即在一定的价格和质量投资下决策者认为能够产生的市场需求。$\alpha_j \in (0, 1)$ 表示决策者的过度自信程度,α_j 越大,说明决策者越相信零售价格和质量投资行为对市场需求的影响。当 $\alpha_j = 1$ 时,表示完全自信;当 $\alpha_j = 0$ 时,表示完全理性。显然,当 $a - bp + \beta i$ 远远大(小)于 D,且 $\alpha_j \to 1$ 时,决策者将过高(低)估计市场需求,其决策结果可能将大大偏离最优值,这将引发库存决策风险。

引理 4-2 当决策者过度自信时,决策者面对的需求函数为 $F_j(x)$,且 $F_j(x) = F[\eta(x)]$,$\eta(x) = \dfrac{x - \alpha(a - bp + \beta i)}{1 - \alpha}$。

证明:由式(4-10)易知:

$$F_j(x) = p[\alpha_j(a - bp + \beta i) + (1 - \alpha_j)D \leqslant x],$$

即 $p\left[D \leqslant \dfrac{x - \alpha_j(a - bp + \beta i)}{1 - \alpha_j}\right]$,

令 $\eta = \dfrac{x - \alpha(a - bp + \beta i)}{1 - \alpha}$。

证毕。

本节主要讨论三种库存管理模式,即零售商管理库存(Retailer Managed Inventory,RMI)、供应商管理库存(Vendor Managed Inventory,VMI)和集中决策(Centralized Decision Making,CDM)。

若采用 RMI 模式,供应商的利润函数为:

$$\prod_s^{RMI} = wq - cq - \frac{1}{2}ki^2 - (1 + \lambda)cq\theta(1 - i) \tag{4-11}$$

零售商的利润函数为：

$$\prod_{\text{R}}^{\text{RMI}} = pS(q) + vI(q) - wq + \lambda cq\theta(1-i) \tag{4-12}$$

若采用 VMI 模式，供应商的利润函数为：

$$\prod_{\text{S}}^{\text{VMI}} = wS(q) + vI(q) - cq - \frac{1}{2}ki^2 - (1+\lambda)cq\theta(1-i) \tag{4-13}$$

零售商的利润函数为：

$$\prod_{\text{R}}^{\text{VMI}} = (p-w)S(q) + \lambda cq\theta(1-i) \tag{4-14}$$

三种模式下供应链总利润均为：

$$\prod_{\text{C}} = pS(q) + vI(q) - \frac{1}{2}ki^2 - cq[\theta(1-i)+1] \tag{4-15}$$

4.2.2 模型分析

这一部分首先考察 RMI 模式下供应链成员的决策，然后分析 VMI 模式下的决策，最后研究集中决策的均衡结果。

(1)零售商管理库存(RMI)模式

零售商首先决定订货量，供应商作为追随者再决定质量投资。若零售商存在过度自信行为，即 $\alpha_r \in (0,1]$，则其对市场需求的预测与实际需求 D 不一致。此时，预期销售量为：

$$S(q) = q - \int_0^q F_{\text{R}}(x)\mathrm{d}x \tag{4-16}$$

期末库存量为：

$$I(q) = q - S(q) = \int_0^q F_{\text{R}}(x)\mathrm{d}x \tag{4-17}$$

运用逆向归纳法，供应商基于利润最大化原则确定其质量投资系数，由式(4-11)的一阶条件可知：$\dfrac{\partial \prod_{\text{S}}^{\text{RMI}}}{\partial i} = -ki + cq\theta(1+\lambda) = 0$，可得：

$$i_{\text{s}} = \frac{cq\theta(1+\lambda)}{k} \tag{4-18}$$

将式(4-16)、式(4-17)、式(4-18)代入式(4-14)，根据一阶条件可知，零售商利润最大化下的订货量 q_{OR}^* 满足：

$$(p-v)F_{\text{R}}(q_{\text{OR}}^*) + \frac{2c^2\theta^2\lambda(1+\lambda)}{k}q_{\text{OR}}^* = p - w + \lambda c\theta \tag{4-19}$$

命题 4-4 在零售商管理库存(RMI)模式下,零售商在有限理性情境下的最优订货量 q_{OR}^* 与其理性时的最优订货量 q_R^* 满足:$q_{OR}^* = q_R^* + \dfrac{k(p-v)}{2c^2\theta^2\lambda(1+\lambda)}[F(q_R^*) - F(\eta_R^*)]$。其中,$F(\eta_R^*) = F_r(q_{OR}^*)$,供应商最优质量投资 $i_{OS}^* = \dfrac{c\theta(1+\lambda)}{k} = q_{OR}^*$。

证明: 当 $\alpha_R = 0$ 时,即可得到完全理性下的均衡结果:

$$(p-v)F(q_R^*) + \frac{2c^2\theta^2\lambda(1+\lambda)}{k}q_R^* = p - w + \lambda c\theta \tag{4-20}$$

由式(4-19)、式(4-20)得:

$$(p-v)F_R(q_{OR}^*) + \frac{2c^2\theta^2\lambda(1+\lambda)}{k}q_{OR}^* = (p-v)F(q_R^*) + \frac{2c^2\theta^2\lambda(1+\lambda)}{k}q_R^*。$$

由引理 4-2 易知:令 $F_R(q_{OR}^*) = F(\eta_R^*)$,可得:

$$q_{OR}^* = q_R^* + \frac{k(p-v)}{2c^2\theta^2\lambda(1+\lambda)}[F(q_R^*) - F(\eta_R^*)] \text{ 且由公式证毕。}$$

VMI 与 CDM 模式下,命题 4-5、命题 4-6 的证明与命题 4-4 类似,下文将不再赘述。

(2)供应商管理库存(VMI)模式

在供应商管理库存模式下,零售商处的库存由供应商来管理,供应商根据自身利润最大化原则同时确定其质量投资及零售商处的库存量。

类似地,将式(4-6)、式(4-7)代入式(4-3)可得:

$$\prod_S^{VMI} = (w-c)q - (w-v)\int_0^q F_S(x)dx - \frac{1}{2}ki^2 - (1+\lambda)cq\theta(1-i)。$$

由多元函数求极值一阶条件可知,供应商的最优决策满足:

$$\frac{\partial \prod_S^{VMI}}{\partial q} = (w-c) - (w-v)F(q) - (1+\lambda)c\theta(1-i) = 0 \tag{4-21}$$

$$\frac{\partial \prod_S^{VMI}}{\partial i} = -ki + (1+\lambda)c\theta q = 0 \tag{4-22}$$

命题 4-5 在供应商管理库存(VMI)模式下,供应商在有限理性情境下的最优订货量 q_{OS}^* 与其理性时的最优订货量 q_S^* 满足:$q_{OS}^* = q_S^* - \dfrac{k(p-v)}{2c^2\theta^2\lambda(1+\lambda)}[F(q_S^*) - F(\eta_S^*)]$。其中,$F(\eta_S^*) = F_S(q_{OS}^*)$,供应商最优质

量投资 $i_{OS}^* = \dfrac{c\theta(1+\lambda)}{k}q_{OS}^*$。

（3）集中决策（CDM）模式

当供应链采取集中决策模式时，决策者会站在整条链利润最大化的角度确定零售商处的库存量和供应商的质量投资水平。

类似地，由式（4-6）、式（4-7）可得：$\prod_C^{CDM} = (p-c)q - (p-v)\int_0^q F_C(x)\mathrm{d}x - \dfrac{1}{2}ki^2 - cq\theta(1-i)$。

由多元函数求极值一阶条件可知，供应链决策者的最优决策满足：

$$\frac{\partial \prod_C^{CDM}}{\partial q} = (p-c) - (p-v)F(q) - c\theta(1-i) = 0 \qquad (4\text{-}23)$$

$$\frac{\partial \prod_C^{CDM}}{\partial i} = -ki + cq\theta = 0 \qquad (4\text{-}24)$$

命题 4-6 在集中决策（CDM）库存管理模式下，供应链最优生产能力 q_{OC}^* 与其理性时的最优订货量 q_C^* 满足：$q_{OC}^* = q_C^* - \dfrac{k(p-v)}{2c^2\theta^2\lambda(1+\lambda)}[F(q_C^*) - F(\eta_C^*)]$，$F(\eta_C^*) = F_C(q_{OC}^*)$，供应商最优质量投资 $i_{OS}^* = \dfrac{c\theta(1+\lambda)}{k}q_{OC}^*$。

4.2.3 均衡结果分析

存在过度自信情境下不同库存管理模式下零售商处库存量和质量投资如表4-2所示。

表 4-2 不同库存管理模式下的均衡解比较

库存管理模式	q_0^*	i_0^*
RMI	$q_R^* + \dfrac{k(p-v)}{2c^2\theta^2\lambda(1+\lambda)}[F(q_R^*) - F(\eta_R^*)]$	$\dfrac{c\theta(1+\lambda)}{k}q_{OR}^*$
VMI	$q_S^* - \dfrac{k(w-v)}{2c^2\theta^2\lambda(1+\lambda)^2}[F(q_S^*) - F(\eta_S^*)]$	$\dfrac{c\theta(1+\lambda)}{k}q_{OS}^*$
CDM	$q_C^* - \dfrac{k(p-v)}{2c^2\theta^2\lambda(1+\lambda)}[F(q_C^*) - F(\eta_C^*)]$	$\dfrac{c\theta(1+\lambda)}{k}q_{OC}^*$

通过对表4-2数据的分析可得如下命题：

命题 4-7 若决策者存在过度自信，当 $a-bp+\beta i>q^*$ 时，RMI 模式中 $q_0^*>q^*$，但在 VMI 和 CDM 模式中 $q_0^*<q^*$；反之亦然，并且决策偏离完全理性下最优值的程度随着过度自信程度的加深而加深。

证明：以 RMI 模式为例，此时 $q_{OR}^*-q_R^*=\dfrac{k(p-v)}{2c^2\theta^2\lambda(1+\lambda)}[F(q_R^*)-F(\eta_R^*)]$，

显然 $\dfrac{k(p-v)}{2c^2\theta^2\lambda(1+\lambda)}>0$，且 $F(x)$ 为单调增函数。

$$q_R^*-\frac{q_R^*-\alpha_R(a-bp+\beta i)}{1-\alpha_R}=\left(-1+\frac{1}{1-\alpha_R}\right)(a-bp+\beta i-q_R^*)，易知 -1+$$

$\dfrac{1}{1-\alpha_R}>0$ 为 α_R 的增函数。

其他模式的证明类似，不再赘述。

证毕。

由命题 4-7 可知，在 RMI 模式下，过度自信的决策者对库存量的决策受其心理预期市场需求的正向影响，在其高（低）估市场需求时存在持有过高（低）库存的风险，而在另外两种模式下则恰恰相反。出现上述结果的原因在于，RMI 模式下库存量的决策者是零售商，过度自信程度越深意味着它越相信供应商质量投资对需求的积极作用，而质量投资与零售商处的库存量正相关，因此零售商倾向于通过增加库存量迫使供应商增加质量投资以改善产品质量，进而增加其利润。与之相反，VMI 模式下决策者是供应商，质量投资是供应商的负担，质量提升所带来的好处大多为零售商所得，供应商利润反而会减少，因此供应商越相信质量投资对需求的积极作用，它就越倾向于降低质量投资水平，而零售商处的库存量与质量投资正相关，零售商处的库存量自然也会相应降低。

命题 4-8 在三种模式下，供应商产品质量投资 i 均为初始不合格品率 θ、供应商生产成本 c 和零售商处库存量 q_0^* 的增函数，为质量投资成本参数的减函数。

由表 4-2 易证命题 4-8 和命题 4-9，在此不再给出证明过程。由命题 4-8 我们可以得到如下三点同时适用于完全理性和过度自信两种情境的启示。第一，在零售商惩罚措施的威慑下，若供应商产品的初始不合格品率越高，即质量越差，供应商就越有动力进行质量投资改进产品质量，但其动力会随着质量投资成本参数的增大而减弱。第二，供应商生产成本

越高,即产品单位价值越高,当出现质量问题时供应商的损失就越大,因此它会越愿意进行质量投资而规避质量风险。第三,零售商处库存量越高,供应商承担的质量风险就越大,它就越有动力通过提升其质量投资来规避因产品质量问题而导致的损失。

命题 4-9 在 RMI 和 VMI 模式下,供应商质量投资 i 均为惩罚成本占生产成本比例 λ 的增函数。

命题 4-9 意味着,无论在完全理性还是在过度自信的情境下,零售商通过增加惩罚力度的方法是可以迫使供应商通过提升质量投资改进产品质量的。当然,产品质量的提升是要付出成本的,若惩罚过于严格会牺牲整条供应链的利润。

4.2.4 数值分析

上一节中我们分析了不同库存管理模式下供应链成员的过度自信对库存和供应商质量投资的影响,但由于部分均衡解的表达式非常复杂,很难获得直观的结论。本节将通过一些算例来进一步分析过度自信对供应链成员库存决策、利润变化程度的影响。

为减小运算复杂性,本节基于实际情况进行如下赋值:

$c=1.4, w=1.5, p=1.6, k=50, \lambda=0.3, \theta=0.35, v=1.4, \mu=100,$
$\sigma=100, a=100, b=20, \beta=100$。

这里我们考察三种模式下,过度自信程度对偏离完全理性情况的供应商质量投资决策和零售商库存的影响,如图 4-5 所示。

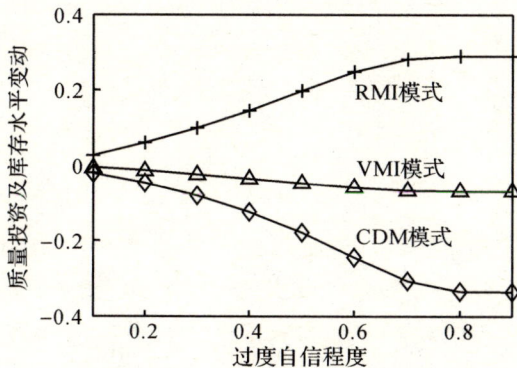

图 4-5 不同模式下 α 对质量投资、库存的影响

首先,由表 4-2 数据结果及命题 4-8 可知,各模式下零售商处均衡库存量变动程度与供应商质量投资变动程度一致,这一结论在图 4-5 得到印证。其次,两者随过度自信程度加深而加深,但并没有随过度自信程度的加深呈现线性的变化,而是变化逐渐减小。此外,对比不同模式可以发现,在其他条件一定时,RMI 模式下,双方决策受过度自信的影响更为明显。这意味着,该模式下决策者的过度自信更容易引起过高或过低设置库存水平的风险。若要更好地控制因决策者过度自信引起的库存风险,VMI 模式是较好的选择。

以库存决策为例,在 RMI 模式下,随着决策者自信程度加深,库存量逐渐增加,但增加量逐渐减小。这是因为,作为领导者的零售商由于对市场需求更为关注,且更为接近市场终端需求,因此在对未来需求持乐观态度时,会坚信自己对需求的判断及反应能力,进而大幅增加订货量,以获得更高利润。然而,在 VMI 模式下的供应商看来,市场需求增加带来的可能是质量投资成本的增加及由质量问题所引起的成本增加。因此,供应商就会成为风险规避者,更注重对顾客赔偿和零售商惩罚的减小和规避,宁可减少订货量。同样,在 CDM 模式中决策主体要考虑投资和质量成本问题,在质量投资较小、产品不合格率较大的情况下,宁可减少供应,以避免损失。

其次,由表 4-2 及图 4-5 结果可知,在三种模式下,供应商处质量投资决策不仅受到零售商订货数量的影响,还受到过度自信程度 α、质量投资成本参数 k 等因素的影响,图 4-6 以 RMI 模式为例描述了这种情况。

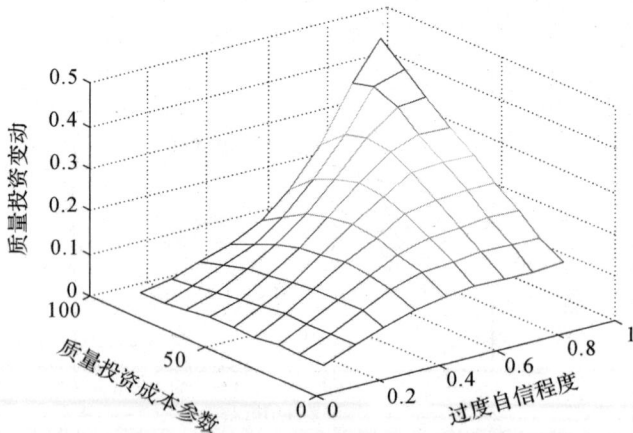

图 4-6　RMI 模式下 k, α 对 i 的变动影响

由图 4-6 可以看出,第一,在其他影响因素相同时,同一质量成本参数下,质量投资水平随过度自信程度加深而提高,但变动程度逐渐减小。第二,当质量成本参数越大时,上述变动趋势越明显,即质量成本参数对过度自信的效果有类似乘数效应的作用。这说明过度自信是影响企业质量投资的重要因素,尤其对于质量投资成本参数较大的企业而言,质量投资决策更应当谨慎。若企业的质量投资因决策者的过度自信大幅高于最优值时,企业会因质量控制成本过高导致产品价格高企,市场竞争力下降;反之则可能因质量控制过松导致产品质量低下,进而引起质量风险。

最后,分析过度自信对各模式下供应链成员及系统整体利润的影响。结合图 4-5 及图 4-7 可以看出,虽然在 RMI、VMI 模式下过度自信对决策结果的影响相反,但是两者均使得决策者的利润减小,这是过度自信使得决策结果偏离最优值而导致的。值得一提的是,该结果隐含了一个重要的假设,即在报童模型下,决策和销售的周期很短,在很短的时间内市场的需求并未因质量投资变化而变化。但是,对比两种模式的变动程度可以发现,相同程度的过度自信对 RMI 模式下的成员利润影响最大。对于这一结果,主要可以从库存量的变动角度进行解释,因为零售商决策偏离最优值的程度最深,其利润自然减少较多。

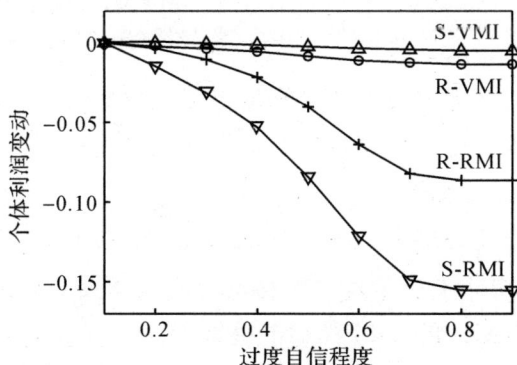

图 4-7 不同模式下决策个体利润变化

由图 4-8 可知,在偏离最优值程度最深的 RMI 模式下,过度自信对供应链整体利润的不利影响也是最大的;CDM 模式次之;VMI 模式下供应链整体利润变动最小。因此,如果过度自信无法避免,那么企业应该选择 VMI 模式使得利润损失降到最低。

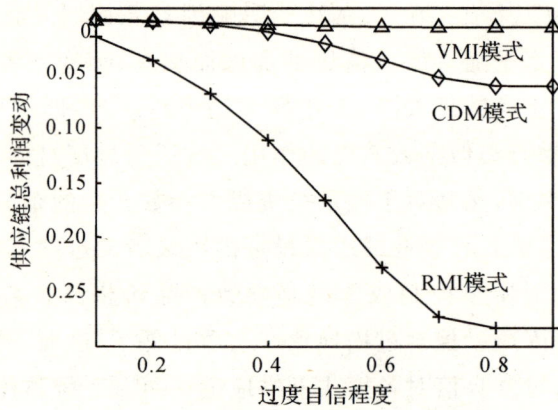

图 4-8 　不同模式下 α 对总体利润的影响

　　本节对不同库存管理模式下过度自信对决策者库存策略和供应商质量投资的影响进行了分析，讨论的基础是经典的报童问题。该问题中的产品往往具有更新快、不易或不能长久保存的特点，如鲜花、杂志及时尚电子产品等，其需求会受到不确定因素的影响而表现出随机性。因此，本节的结论适用于具有上述特点产品的一次性订货决策。需要指出的是，本节中产品需求的随机性服从正态分布，无法描述突发性的需求变动。此外，本节假设产品的价格和质量投资对决策者心理预期的需求函数有线性影响，这符合一般决策者的心理感知。当然，"三鹿事件""猪肉瘦肉精事件"等极端情况对决策者的心理冲击非常巨大，此时线性需求函数可能不再适用，需要运用分析突发风险的工具加以讨论。

　　本节的主要结论如下：

　　第一，在各库存管理模式下，零售商处的库存均偏离完全理性下的最优值，但在 RMI 模式下决策者对库存量的决策受其心理预期市场需求的正向影响，而在 VMI 和 CDM 模式下决策者对库存量的决策则受其心理预期的反向影响。

　　第二，无论在完全理性还是在过度自信的情境下，供应商的质量投资均与零售商处的库存量正相关，并且随着零售商对质量问题惩罚程度的加深、初始不合格品率和产品单位生产成本的增加而增加。

　　第三，过度自信对 VMI 模式供应链总体利润的影响最小，对 RMI 模式的影响最大，对 CDM 模式的影响居中。

本节主要基于单期报童问题讨论了过度自信对供应链成员库存管理决策和供应商质量投资的影响,未来可以考察多期动态库存决策条件下该结论是否依然适用。此外,本节探讨的过度自信并没有涉及对需求方差预测存在偏差的情况,接下来可以探讨该情况下供应链成员的库存管理和质量控制决策。

4.3 基于关系契约的供应链质量成本分担策略

供应链成员之间无法形成稳定的合作关系是造成供应链产品质量缺陷的重要原因之一。在很多情况下,供应链上下游企业间的合作是基于短期利益驱动的临时联盟,合作过程中供应链成员间资产共用水平低,缺乏固化双方关系的法律体系,成员的可替代程度高。(Heide et al.,1990)上述属性造成供应链间成员的合作具有潜在的不稳定性,成员间的合作关系可能在短期内瓦解。

在非长期合作预期下,供应链成员存在短期利益最大化的潜在动机,而忽视长期合作及双方共赢带来的整体利益最大化。以电脑显示器行业为例,目前国内外知名显示器供应商有 NEC、美格、SONY 等几十家,强势的品牌整机厂商如戴尔、惠普、联想等为了降低整机成本,采取在冠捷、唯冠、明基等供应商间"轮流转换订单策略",该策略让显示器供应商在生产计划制订和销售策略调整方面面临极大的不确定性,因此很难集中精力于产品质量的改进,从而可能造成质量事件的发生。当前,不仅电脑显示器行业如此,供应链成员合作周期短、合作关系不稳定是各个行业较为普遍的现象。有调查表明,我国家电行业 29.4% 的联盟持续时间在 2 年以下,2~4 年的占 22.30%,4~10 年占 17.23%,而合作时间超过 10 年的仅有 5.7%。

在信息不对称环境下,供应链上参与者自身利益最大化的行为如有长期合作契约作为约束,则供应商为了维护长期合作中自身的良好质量"声誉",将有激励减少"败德"行为,提供质量合格的产品。但是,长期合作关系有可能受到投机行为的威胁,例如供应商可能受到降低质量水平以获得收益的诱惑,或者供应链成员认为潜在收益分配不均。如果能够预先制订一份完备且可执行的契约,投机行为的问题将很容易得到解决。但是,由于决策者的有限理性,往往无法制订出这样的契约。幸运的是,经济理论中的关系契约为解决上述问题提供了新的思路。正如 Goldberg(1976)所指出的,与完全契约不同的是,关系契约不是去安排具体详尽的协议条款,而仅仅是尝试建立能够在未来确定交易条款的过程。Williamson(1985)则进一步证明,在非一体化方式下,企业之间的关系契约经常可以弥补正式契约的不足,即当未来准租金流的贴现大于违约情况下立即得到的短期收益时,若契约双方希望获得这一未来准租金流,则投机行为就不会发生。也就是说,关系契约可以确保整个契约的自我实施。关系契约的这种"自我实施"的特点使得很多复杂商业合作活动得以顺利进行,而供应链质量管理活动本身就因繁多的标准、规范及收益的不确定性而异常复杂。因此,运用关系契约来分析供应链成员间质量管理的长期合作行为就显得非常适合。现有关于供应链质量管理的文献大多以经典的完全契约为假设展开研究,鲜见借助关系契约研究供应链质量管理中的长期合作问题。

下文将以关系契约理论为基础,尝试对供应链质量管理过程中供应链成员间的长期合作机制进行研究,具体为运用重复博弈研究由一个制造商与一个供应商组成的供应链在质量管理方面最优的关系契约安排。接下来的内容安排如下:首先,建立制造商与供应商的基本关系契约博弈模型,分析制造商的激励和惩罚措施对供应商决策的影响;其次,讨论关系契约实现自执行,使得制造商与供应商能够长期合作的条件;最后,对本部分进行总结,给出管理启示及对未来研究方向的展望。

4.3.1 基于关系契约的模型分析

考虑由制造商 M 与供应商 S 组成的两级供应链,制造商在经过初步考察后认为供应商具有较好的市场声誉,并且有一定的质量管理能力,双方于 T_0 期签订供货契约。以后的每一期制造商均以批发价格 w 向供应商采购 A 产品,并以零售价格 p 向消费者出售,而供应商则以单位成本 c 来生产 A 产品。假设制造商 M 是供应链质量管理的领导者,制订并监督供应商执行质量管理的标准。供应商以努力水平 e 执行制造商 M 所设定的质量标准,相应的成本为:$ke^2/2$,其中 $k>0$ 为供应商的质量管理努力成本参数,类似的成本函数还被 Kaya et al.(2009)等诸多文献采用。

  需要特别指出的是,供应商可能会通过降低质量努力水平来获得财务收益,从而产生投机行为。如果能够预先制订一份包含所有意外情形的可执行的契约,类似的投机行为便可以得到很好的控制。遗憾的是,大多数契约都是不完全的,当制造商与供应商都无法准确地对所有的不确定事件做出说明并制订行为规范时,契约的模糊性使得具体条款有不同的解释,此时要证实供应商实际上是否按照制造商的真实意图行事就会变得非常困难。所以,制造商虽然能够感知到供应商的质量努力水平 e,但却无法给出确切的证明,也就无法像法律一样强制对方执行。

  为了鼓励供应商提升质量努力,在每一期结束时,若制造商感知到供应商的质量努力水平 $e \geqslant e_0$,将以比率 $\theta \in (0,1]$ 为供应商分担一定的质量努力成本。反之,若制造商感知供应商的质量努力水平 $e < e_0$,将不但不分担供应商的质量努力成本,还要对供应商实施金额为 $\delta(e_0 - e)$ 的罚款。

  假设制造商所面临的为线性需求函数:

$$D = \alpha - \beta p + \gamma(e - e_0) \tag{4-25}$$

  其中,γ 表示供应商的质量努力水平对需求量的影响程度,需求函数中的参数满足 $\alpha, \beta, \gamma > 0$。显然,供应商的质量努力水平必须大于 e_0 才能达到顾客的期望,对市场需求产生有利影响,否则将会产生负面影响。

  契约生效后,在双方都遵守契约的情况下,供应商开始供货。制造商的利润函数为:

$$\prod_M^O = \begin{cases} (p-w)[\alpha - \beta p + \gamma(e-e_0)] - \dfrac{\theta k e^2}{2}, & e \geqslant e_0 \\ (p-w)[\alpha - \beta p + \gamma(e-e_0)] + \delta(e_0 - e), & e < e_0 \end{cases} \tag{4-26}$$

  相应地,供应商的利润函数为:

$$\prod_S^O = \begin{cases} (w-c)[\alpha - \beta p + \gamma(e-e_0)] - \dfrac{(1-\theta)k e^2}{2}, & e \geqslant e_0 \\ (w-c)[\alpha - \beta p + \gamma(e-e_0)] - \dfrac{k e^2}{2} - \delta(e_0 - e), & e < e_0 \end{cases} \tag{4-27}$$

  首先考虑最理想的情况,即制造商遵守关系契约,且供应商的质量管理努力水平大于 e_0 时的均衡解,此时供应商的质量努力水平较高,此情形记为 H。由逆向归纳法，根据式(4-26)的一阶条件对 $e \geqslant e_0$ 时的利润函数求导可知：

$$\frac{\partial \prod_{\mathrm{M}}^{\mathrm{OH}}}{\partial p} = \alpha - \beta p + \gamma(e - e_0) - \beta(p - w) = 0。$$

化简可得：

$$p = \frac{\alpha + \beta w + \gamma(e - e_0)}{2\beta} \tag{4-28}$$

代入式(4-27)$e \geqslant e_0$ 的情形，根据一阶条件可得：

$$\frac{\partial \prod_{\mathrm{S}}^{\mathrm{OH}}}{\partial e} = (w - c)\gamma - 2(1 - \theta)ke = 0。$$

化简可得：

$$e_{\mathrm{OH}}^* = \frac{(w - c)\gamma}{2(1 - \theta)k} \tag{4-29}$$

将(4-29)式代入(4-28)式可得：

$$p_{\mathrm{OH}}^* = \frac{2(\alpha + \beta w - \gamma e_0)(1 - \theta)k + (w - c)\gamma^2}{4(1 - \theta)\beta k}。$$

显然，若上述均衡存在，则要求 $e_{\mathrm{OH}}^* \geqslant e_0$，这与实际的制度设计原则也是一致的。制造商可以通过调整质量努力成本分担比率 θ 来激励供应商，使其最优质量管理努力水平高于 e_0，满足其对质量管理的要求。丰田汽车就曾通过适当放弃追求低价采购，给供应链末端的企业提供空间，帮助其提升质量努力，让供应商有能力和意愿来改变现有生产方式，逐渐提升产品质量。

若供应商的质量管理意识较低或实施的质量努力成本很高时，则会考虑根据式(4-27)中 $e < e_0$ 时的利润函数确定其质量努力水平，而制造商的定价也会根据供应商的决策以式(4-26)中 $e < e_0$ 的情形确定其反应函数。需要特别指出的是，根据一阶条件易知，该反应函数与 $e \geqslant e_0$ 时相同。将供应商的质量努力水平 $e < e_0$ 的情形记为 L。运用逆向归纳法，将式(4-28)代入式(4-27)，根据一阶条件对式(4-27)求导可知：

$$\frac{\partial \prod_{\mathrm{S}}^{\mathrm{OL}}}{\partial e} = (w - c)\gamma - 2ke + 2\delta = 0。$$

化简可得：

$$e_{OL}^* = \frac{(w-c)\gamma + 2\delta}{2k} \qquad (4-30)$$

将式(4-30)代入式(4-28)可得：

$$p_{OL}^* = \frac{2(\alpha + \beta w - \gamma e_0)k + \gamma[(w-c)\gamma + 2\delta]}{4\beta k}。$$

类似地，若上述均衡存在，则要求 $e_{OL}^* < e_0$。当然，由式(4-30)可知，如果单纯从数理角度考虑，制造商的确可以通过增加惩罚力度 δ 来提升供应商的质量努力，甚至可以使得 $e_{OL}^* \geqslant e_0$，但其副作用也是很明显的。若惩罚力度过重，供应商可能会因不堪重负而退出关系契约，这不符合设立该关系契约时互惠互利、共同发展的初衷。因此，对惩罚力度进行适当的限制是有其积极意义的。上述均衡存在的现实意义在于，有时供应商的发展水平比较低，在短期内的确很难立刻达到制造商所设定的质量管理标准，但供应商可以通过缴纳罚款的方式表现出有意愿改进质量管理行为的态度，制造商感知到供应商的这种态度也会继续与之合作。

由上述公式还可以得到如下推论：

命题 4-10　若双方遵守关系契约，且 $e_{OH}^* > e_0$ 或 $e_{OL}^* < e_0$，那么供应商的质量努力水平 e 是单位产品利润 $(w-c)$ 及需求对质量努力水平的敏感程度 γ 的增函数，是质量努力成本参数 k 的减函数，但与需求对价格的敏感程度 β 无关。

由命题 4-10 可知，首先，消费者越是关注整条供应链的质量努力水平，企业质量努力水平对需求的影响越大，供应商实施的质量努力水平也就越高。但是，由于供应商位于供应链的末端，对需求变化感知不像制造商那么敏锐，这就要求制造商要及时将质量管理对产品需求的积极影响传递给供应商，以提升供应商实施的质量努力。其次，很多供应商的规模较小，管理水平比较低，因而其质量努力成本参数较高，这会降低其实施质量管理的积极性，因此制造商需要向供应商提供必要的技术及管理方面的支持以帮助其降低实施质量管理的努力成本。例如，丰田汽车不但对供应商的员工进行培训，还跟踪并支持供应商执行质量管理的行为。尤其对于发展中国家的供应商，丰田汽车投入了大量精力，注重改变供应商的思维方式，提高供应商对质量管理的认知。最后，制造商所制订的批发价格过低往往会使得供应商利润太薄，导致其质量努力水平下降。因此，制造商要为供应商留下适当的利润空间，使得供应商有余力改进其质量管理行为。我国华润集团的做法很好地体现了这一点,华润集团在广西百色市出资建设希望小镇,用较高的保护价收购农民的农产品,不但提高了农民的收入,还使得农产品的质量维持在较高的水平。

命题 4-11 若双方遵守关系契约,且 $e^*_{OH} > e_0$ 或 $e^*_{OL} < e_0$,零售价格 p 是质量努力成本参数 k 的增函数,是需求对零售价格的敏感程度 β 的减函数。

命题 4-11 很容易理解,质量努力成本参数 k 越大,意味着在同样的质量努力水平下供应商付出的成本就越高,增加的成本会传递给制造商,因此制造商必须通过提高零售价格来获得补偿。此外,市场需求对零售价格越敏感,制造商就越能够通过降低零售价格来实现薄利多销的目的,获得更高的收益。

命题 4-12 若双方遵守关系契约,且 $e^*_{OH} \geqslant e_0$,$e^*_{OL} < e_0$,则 $\prod_S^{OH} > \prod_S^{OL}$。

证明:将 e^*_{OL} 与 e^*_{OH} 分别代入上述公式,化简可得:

$$\prod_S^{OH} - \prod_S^{OL} = \frac{1}{8k}\left[\frac{\theta(w-c)\gamma}{1-\theta}\right]^2\left(\frac{1}{\theta}-1\right) + \frac{\delta^2}{2k} + \delta(e_0 - e_{OL}) > 0。$$

证毕。

命题 4-12 表明,在遵守关系契约并满足一定条件($e^*_{OH} \geqslant e_0$ 且 $e^*_{OL} < e_0$)的前提下,对于供应商来说,选择较高的质量管理努力水平 e^*_{OH} 所获得的收益始终高于选择 e^*_{OL} 时获得的收益。这意味着制造商可以通过对成本分担比率 θ 和惩罚力度 δ 等参数的调整使供应商愿意保持较高的质量努力水平。同样,供应商也知道在较低的质量努力水平下其利润要低于较高的质量努力水平下的利润,因此它也会尽力运用各种手段提升其质量努力,以达到制造商的最低要求。

当然,上述结论是在供应商与制造商都遵守关系契约的前提下得出的。事实上,两者均有背离关系契约的动机。如果供应商采用较低的质量努力水平,并且不缴纳罚款的利润高于采用较高质量管理努力水平的利润,供应商就有可能会背离关系契约。同样,由于不分担供应商的质量努力成本会有更高收益,制造商虽然观察到供应商付出的质量努力水平 $e > e_0$,但却可能不为其分担产生的成本。

4.3.2 关系契约的长期合作机制

若供应商与制造商之间只是单期契约,那么两者为了自身利益最大化都可能会违背契约。但在多期条件下,买卖双方可以通过合适的触发战略基于关系契约形成长期的合作关系。供应商的策略如下:①相信制造商在 T_0 期会按照约定为其分担质量努力成本,并采用较高的质量努力水平。②若制造商愿意分担质量努力成本,并在以后的各期也采用同样的行动,供应商也会一直选择相信制造商。③若某一期制造商拒绝分担质量努力成本,那么供应商与其的合作关系在当期结束后终止,双方在以后各期的利润均为零。

若制造商选择背叛,此时其利润函数为:

$$\prod_{\mathrm{M}}^{\mathrm{B}} = (p-w)[\alpha - \beta p + \gamma(e-e_0)], e \geqslant e_0。$$

此时供应商的利润函数为式(4-27)中 $e \geqslant e_0$ 时的情形,经计算易知均衡解与 $e > e_0$ 且双方都遵守关系契约时相同,只是最终利润与之有差异,制造商不再承担供应商的质量努力成本,因此利润要高于遵守契约时的利润,而供应商则会遭受损失。

相应地,若供应商不遵守关系契约,即供应商只采用较低的质量努力水平($e < e_0$),并且拒绝支付罚款,那么制造商下一期将不再与之合作,双方在以后各期的利润均为零。此时供应商的利润函数为:

$$\prod_{\mathrm{S}}^{\mathrm{B}} = (w-c)[\alpha - \beta p + \gamma(e-e_0)] - \frac{ke^2}{2}, e < e_0。$$

制造商认为其利润函数为式(4-26)中 $e < e_0$ 时的情形,经计算易知:

$$e_{\mathrm{BL}}^* = \frac{(w-c)\gamma}{2k}, p_{\mathrm{BL}}^* = \frac{2(\alpha + \beta w - \gamma e_0)k + (w-c)\gamma^2}{4\beta k}。$$

命题 4-13　若供应商不遵守关系契约,则与遵守契约但质量努力水平较低的情形相比,存在如下关系:$e_{\mathrm{BL}}^* < e_{\mathrm{OL}}^*, p_{\mathrm{BL}}^* < p_{\mathrm{OL}}^*$。

命题 4-13 表明,若供应商认为合作无法继续下去而选择背叛的话,其质量努力水平会比 e_{OL}^* 还要低,而制造商也会被迫降价以提升市场需求。在现实中,如果核心企业无视供应商的质量努力而制订严苛的质量管理标准,并通过惩罚措施强制执行,而供应商认为无法达到核心企业要求的话,就可能采取上述机会主义行为,导致双输的结果。

需要特别指出的是,由于供应商违约不肯支付惩罚费用,制造商实际利润的计算应依据下式:

$$\prod_{M}^{SB} = (p - w)[\alpha - \beta p + \gamma(e - e_0)], e < e_0。$$

制造商总是希望供应商的质量努力水平 $e \geqslant e_0$,此时制造商因供应商的质量努力水平比较高而获益,但同时它也会有不愿意分担供应商质量努力成本的冲动。制造商也清楚,如果违约,虽然当期不用承担相关成本,但是会导致供应商在以后各期都不再执行与自己保持契约关系时所约定的协作机制。相反,如果制造商履行了承诺的关系契约,当期及以后各期都会得到收益 $\prod_{R}^{OH}$。如果记 η_M 为制造商收益的贴现因子,那么制造商遵守关系契约所能获得的收益净现值为:

$$\prod_{M}^{OH} + \eta_M \prod_{M}^{OH} + \eta_M^2 \prod_{M}^{OH} + \cdots = \frac{\prod_{M}^{OH}}{1 - \eta_M}。$$

违约后收益的净现值为:$\prod_{M}^{OH} + \frac{\theta k e_{OH}^{*2}}{2}$。

显然,制造商选择遵守而不是违背关系契约的条件为:

$$\frac{\prod_{M}^{OH}}{1 - \eta_M} \geqslant \prod_{M}^{OH} + \frac{\theta k e_{OH}^{*2}}{2}。$$

化简可得贴现因子 η_M 应满足条件:$\eta_M \geqslant \frac{a}{1 + a}$,其中 $a = \frac{\theta k e_{OH}^{*2}}{2 \prod_{M}^{OH}}$。

化简可得:$\eta_M \geqslant 2\theta\beta k \left[\frac{(w - c)\gamma}{2(\alpha - \beta w - \gamma e_0) + (w - c)\gamma^2}\right]^2$ （4-31）

供应商的违约动机主要在于在 $e_{OL}^* < e_0$ 时它不愿意接受制造商的惩罚。如果供应商违约,它可以避免当期的惩罚,但会导致制造商在以后各期都不再与其保持合作关系。相反,如果供应商履行了承诺的关系契约,当期及以后各期都会得到收益 $\prod_{S}^{OL}$。如果记 η_S 为供应商收益的贴现因子,那么供应商遵守关系契约所能获得的收益净现值为:

$$\prod_{S}^{OL} + \eta_S \prod_{S}^{OL} + \eta_S^2 \prod_{S}^{OL} + \cdots = \frac{\prod_{S}^{OL}}{1 - \eta_S}。$$

违约后供应商收益的净现值为 $\prod_{S}^{BL}$。显然,供应商选择遵守而不是违背关系契约的条件为：$\dfrac{\prod_{S}^{OL}}{1-\eta_S} \geqslant \prod_{S}^{BL}$，可得贴现因子 η_S 应满足条

件：$\eta_S \geqslant \dfrac{\prod_{S}^{BL} - \prod_{S}^{OL}}{\prod_{S}^{BL}}$。

化简可得：

$$\eta_S \geqslant \frac{4\delta[(w-c)\gamma + 3\delta - 2ke_0]}{(w-c)[4k(\alpha-\beta w-\gamma e_0)+(w-c)\gamma^2]} \tag{4-32}$$

命题 4-14　若制造商的贴现因子 $\eta_M \geqslant$

$2\theta\beta k\left[\dfrac{(w-c)\gamma}{2(\alpha-\beta w-\gamma e_0)+(w-c)\gamma^2}\right]^2$，且供应商的贴现因子 $\eta_S \geqslant$

$\dfrac{4\delta[(w-c)\gamma + 3\delta - 2ke_0]}{(w-c)[4k(\alpha-\beta w-\gamma e_0)+(w-c)\gamma^2]}$，则上述关系契约可实现自执行。

命题 4-14 说明，在满足激励相容的条件下，即便不依靠第三方强制实施，制造商与供应商通过建立符合双方利益的关系契约也能够实现长期稳定的合作。丰田汽车对其供应商的质量管理方式就是基于类似的关系契约。为了发展与供应商的长期合作关系，丰田汽车只与较少的供应商合作，这样双方的员工就可以实现频繁互动，很多时候甚至在共同解决问题。由于双方在关系经营方面都投入了大量的精力和资金，使得合作关系更加稳固，质量管理标准的推行也就变得非常顺利。与之形成鲜明对比的是，有些企业只是严格督促供应商根据严格的质量管理标准纠正不规范的问题，不重视与供应商发展合作关系，最终供应商往往会阳奉阴违，采取机会主义行为。

4.3.3 基于跨期支付机制的协调策略

上文通过建立关系契约尝试构建了供应链成员间的长期合作机制，是否还可以采用其他的机制来实现长期的质量改进激励呢？ Fama（1980）认为，在一个存在委托代理关系的市场上，如果代理人的收益不仅与其当前表现相关还与其过去表现相联系时，则即使当期收益没有增加，代理人也会积极努力工作，因为这样做可以改进自己在市场上的声誉从而提高未来的收入。因此，我们可以借助声誉机制来改善供应链的产品质量。

　　跨交易周期的支付机制是一种有效地将"声誉机制"运用于供应链产品质量激励的手段,它可以将短期交易收益长期化。(王洁,2010)以家电供应链为例,如果海尔公司不是仅以当期质量检验结果作为零部件质量合格与否的标准,消费者也不是一次性付清家电购买全款,而是建立一种长期支付机制,将提供同一零部件的所有供应商的信息编码记录在册并进行长期跟踪检测,把不同供应商提供的零部件所生产的产成品推广到市场,通过消费者的长期质量反馈信息决定相应供应商产品的质量等级并以此作为是否继续采购的依据。在这种基于原材料和零部件长期质量表现的跨期支付体系下,虽然在短期内受"信息不对称"影响,消费者无法准确获知上游供应商提供的零部件质量,但是在一个长交易周期内,消费者将亲身体验产品质量并将相关信息反馈给海尔公司,零部件质量孰优孰劣一目了然,劣质零部件供应商在跨期约束机制下将无以遁形。

　　在基于产品质量的跨期支付机制下,供应商将持续关注其所提供产品的质量,因为它的收入不仅由当前产品质量决定还受以往产品质量影响,一旦有消费者反馈其以前原材料制成的产成品质量不可靠,则其收入将锐减,由此所引致的损失甚至远远超过其滥用假冒伪劣的非法所得。将跨期支付机制运用于海尔公司的零部件供应链,则海尔公司零部件供应商在提供质量不合格的产品时将考虑到其行为最终会被消费者识破并曝光,损坏其在家电零部件供应市场中的声誉,而一旦声誉有损,其零部件质量等级和价格将长期被压低甚至被驱逐出市场,这种可预期的严重后果将有效遏制零部件供应商的短期机会主义行为。当然,这种制度也适用于所有试图提供有质量缺陷产品的最终组装厂商。

4.3.4 关于长期合作机制的总结

　　本部分通过构建基于关系契约的供应链企业质量努力成本分担模型,对供应链成员的决策行为进行了博弈分析,并在此基础上对形成长期的供应链企业质量管理合作关系的可能性进行了探讨,主要的结论有:

　　第一,即便供应链成员间就质量管理所签订的契约是不完全的,依然可以借助关系契约形成长期稳定的合作关系。在这种合作关系中,供应商的质量努力水平可能高于标准,也可能低于标准,这与供应商本身所处的发展阶段有关。制造商要允许一些先天不足的供应商的质量努力水平暂时低于标准,但要其表现出合作的态度。质量努力水平低于标准的供应商也有加深其努力程度的动力,因为当其达到或超过标准后会获得更高的利润。

第二,供应商在如下四种情况下会提升其质量努力:一是质量努力成本参数减小,也就是说,达到同等效果的质量努力成本越低,供应商就越愿意提升其质量努力;二是单位产品利润提升,使得供应商有余力投入质量管理体系建设中;三是质量管理行为对产品需求的推动作用增加,供应商出于对自身利益的考虑也会提升其质量努力;四是制造商对达不到质量管理标准的供应商的惩罚力度加重,会提升不达标供应商的质量努力,但过于严苛的惩罚措施也会有明显的副作用,可能导致供应商因不堪重负而退出。

第三,在单期博弈中,无论是供应商还是制造商都有违反契约的冲动。制造商可能会不分担供应商的质量努力成本,而供应商则可能不再支付惩罚成本,这会使得它们的当期利润上升。但合作关系就此终结,长期利润遭受损失。在长期博弈中,若它们都对未来的收益足够看重,即贴现因子满足一定的条件,它们之间的关系契约就可以实现自执行,合作关系得以维系。

根据上述结论,我们认为,供应链企业之间如果要构建长期的合作关系以推动质量管理的实施,关系契约是一项行之有效的协调工具,但在使用关系契约时作为核心企业的制造商要充分发挥其主导作用,在了解供应商能力的基础上通过引导的方式提升供应商的质量努力,具体要做到以下三点:

第一,制造商应该通过分担供应商的质量努力成本发展长期合作关系,不能为了追求短期利益而让供应商独自承担质量努力成本,这有可能导致合作关系的破裂。

第二,由于很多中小型供应商的质量管理体系建设比较落后,制造商需要充分发挥其主导作用以提升供应商实施质量管理的积极性,并加深与供应商的合作关系,具体可采取如下手段:一是提高采购价格或帮助供应商降低生产成本以增加供应商的利润;二是通过营销策略对质量管理行为进行宣传,提高质量管理行为对产品需求的贡献率;三是帮助供应商更有效率地执行质量管理,降低质量管理努力成本。

第三,制造商要合理利用惩罚手段来提升供应商的质量努力,避免惩罚手段的副作用。制造商需意识到,惩罚手段只是为了验证供应商有提升质量努力的诚意,并非要供应商立刻达到标准,因此要慎重设定惩罚力度。过于严格的惩罚可能导致供应商背叛甚至终止合作,所以制造商应该就惩罚手段及力度等与供应商进行充分的沟通,让供应商理解惩罚的真正目的。

另外,供应商应积极配合制造商执行质量管理标准,提升整条供应链的质量管理绩效。供应商应意识到,在企业发展到一定阶段后,以较高的水平实施质量管理的收益要高于低水平的情况,因此在企业成长的过程中要注意对质量管理体系建设的投入和经验的积累,不能为了短期利益而长期低水平地应付质量管理工作。此外,由于制造商对供应商质量努力水平的"感知"存在主观因素,供应商应该就其质量管理行为与制造商进行充分的沟通,以免制造商的低估而引起不必要的惩罚。

本节虽然运用重复博弈的方法探讨了关系契约对于供应链成员在质量管理领域构建长期合作关系的作用,并结合丰田汽车等企业的案例对制造商与供应商的最优策略进行了分析,但依然缺乏实证检验,因此接下来将采用问卷调研的手段验证理论分析的结果。此外,本节的结论建立在质量管理行为的收益比较确定的基础之上,但目前商业环境的不确定性日益增加,这将对供应链成员的决策行为产生何种影响也值得进一步探讨。

4.4 质量协调及控制机制的补充讨论

前文借助收益共享契约、关系契约等对下游厂商作为领导者的供应链质量协调机制进行了较为深入的讨论,但并没有讨论在信息不对称的情境下,下游厂商应如何甄选出优质的供应商的机制,下面将对这个问题进行进一步的讨论。

为了解决信息不对称这一问题,供应链中的采购方往往会有意识地收集供应商所传递的有限信息,如供应商的信用信息、价格信息、广告信息和售后服务信息等,并尝试依据这些信息对供应商产品的真实质量情况做出理性推断。但是,由于信息的有限性和潜在的失真性,采购商的这种推断有可能与真实情况存在偏差,从而影响供需过程中双方的行为决策。怎样的信号能够有效地区分高质量和低质量类型的供应者呢? 在当今信息爆炸的时代,面对海量的信息,采购方反而变得束手无策。

信息经济学的先驱 Spence(1974)和 Mirrlees(1999)曾指出,一套行之有效的信号机制能实现"类型分离"的效果。即通过实施信号机制可以自动地将优质产品供应者区别于劣质产品供应者。而具有"类型分离"作用信号机制的根本特征在于:对于优质和劣质两种质量类型产品供应者,传递"产品质量优良"这一信号的成本是完全不同的。

对于下游厂商而言,实施"质量保证金"制度就是一套有效的类型分离信号机制。(王洁,2010)该制度体系下,优质产品供应商自知其产品质量优良而能确保产品销售后"质量保证金"得到退还,因此在不考虑资金时间成本和采购方不会拖欠保证金的条件下,优质产品供应商发送"支付质量保证金"这一信号的成本很小。相反,劣质产品供应商则不愿意发出"支付质量保证金"的信号,因为它自知产品质量低劣,一旦同意缴纳"质量保证金"则意味着销售结束后保证金将被采购者罚没。劣质产品供应商发送"支付质量保证金"信号的成本如此高昂,以至于理性的劣质产品供应商将拒绝发出该信号。由于优质和劣质两种类型产品供应商在发送"质量保证金"这一信号时成本迥异,而使不同类型供应商做出截然不同的行为选择,使"私有"的供应商产品质量信息有效地传递给采购者,实现了信息不对称环境下采购者对供应者产品质量的有效甄别。

"质量保证金"制度曾被国内一些连锁超市用于确保供应商所提供产品的质量,但由于部分连锁机构滥用该制度侵占供应商流动资金而遭到供应商抵制。

除了"质量保证金"制度以外,"售后供应商保退包修"机制也是一种行之有效的质量信息传递与甄别机制。以广州本田集团为例,多年前广州本田集团针对其属下"思迪""飞度"等中小型车开展了"3 年/10 万公里"的售后服务,这一行为不仅仅是一种商业促销手段,也是广州本田集团传递其产品质量优良的有效信号,而且该信号是其他低质量类型汽车生产厂商无法提供的,因为该制度的推出是基于广州本田集团产品质量可靠,提供"3 年/10 万公里"的售后服务成本相对较低,而低质量类型汽车生产厂商则无法以较低成本向购车者发出同一信号。毫无疑问,广州本田集团"3 年/10 万公里"的售后服务制度是一种充分体现质量的信号显示机制,它通过发送该信号使自身有效地区别于低质量类型汽车生产厂商。

第 5 章 竞争环境下的供应链质量协调机制

本书的第 3 章和第 4 章分别讨论了供应链上游厂商和下游厂商作为领导者的供应链的质量管理行为,但前提假设是不存在市场竞争。本章将在前两章的基础上讨论竞争对供应链成员质量管理决策行为的影响。

5.1 需求确定的供应链质量协调机制

随着市场经济的迅速发展,消费者对产品的要求也不断提高,低层次的价格战已经不能满足市场竞争的需要,企业管理者必须努力提升产品质量以吸引消费者购买,如何以合适的价格向消费者提供高质量的产品是企业亟待解决的问题。然而,企业内部质量改善的空间有限,这迫使越来越多的企业放弃了"单打独斗"的竞争模式,转而通过供应链的协调运作来提升产品质量,并从全链优化的视角制订更合适的价格以构建新的竞争优势。因此,单纯考虑价格或质量都不能满足新的竞争情境下企业运营决策的需要,企业必须同时对价格和质量进行权衡,并在考虑竞争对手行为的基础上对所在供应链的成员决策进行协调以制订最优竞争策略。

不少文献已经开始将竞争情境引入对供应链协调机制的研究中,其中很多研究分析了竞争情境下价格竞争对供应链协调策略的影响。郭春荣、陈功玉(2009)针对制造商与零售商同时具有实体与网络两种分销渠道的结构模式研究了制造商与零售商的价格竞争策略。廖涛等(2009)探索了两个制造商、两个零售商构成的供应链系统在价格竞争、服务竞争下的供应链纵向结构协调。徐兵、孙刚(2011)研究了两条供应链在货架展示量与价格方面的竞争。禹爱民、刘丽文(2012)对随机需求和联合促销情况下,制造商和零售商之间的价格竞争和协调问题进行了研究。还有

部分文献从订货量、利润分配、信息共享等视角切入进行研究。Cachon
(2001)研究了两层供应链中多个零售商对库存策略的竞争和协调问题。
Li(2002)分析了存在水平竞争的供应链中的信息共享激励机制。Ahmed
(2007)研究了如何通过协调制造商和零售商的订单数量实现局部成本的
最小化。

此外，由于近年来产品质量问题日渐凸显，一些学者也开始关注供应
链质量管理问题，其中有些涉及了竞争因素，但讨论还比较简单。Tsay &
Agrawal(2000)研究了有容量限制的服务竞争的动态模型，通过分析一
般的单阶段模型和多阶段有界模型指出，产品的质量水平将随着市场中
竞争的激烈程度加深而提高。Boyaci & Gallego(2004)将质量引入零售
商竞争的供应链模型，研究了在三类不同的竞争环境中的质量均衡水平，
以及质量水平与竞争激烈程度之间的关系。但斌、任连春和张旭梅
(2010a)建立了制造商处于领导地位的二级供应链决策模型，分析了在分
散式决策和集中式决策下制造商和零售商关于产品质量的决策，设计了
成本分摊和收入共享契约以实现供应链协调。

随着研究的深入，部分学者开始将上述两类研究结合起来，将竞争情
境引入供应链质量管理协调机制研究中。Hall & Porteus(2000)研究了
零售商同时存在服务质量竞争和价格竞争时的供应链系统协调问题，指
出竞争的相对激烈程度和零售商之间协作的力度是供应链利益分配的关
键因素。Bernstein et al.(2003,2007)则研究了在价格和数量竞争情境下
n 个零售商的协调问题，以及三种不同的需求函数下零售商之间存在价
格和服务质量竞争时的协调问题。鲁其辉、朱道立(2009)对存在质量和
价格竞争的两层供应链模型进行了分析，比较了无协调、混合协调和协调
三种情境下的供应链竞争均衡解，发现协调策略不仅对于每条供应链都
是一个占优策略，而且可以增强竞争力，使顾客受益。

通过文献梳理发现：首先，现有对竞争情境下供应链管理的研究大多
集中在价格竞争和库存竞争，而现实中供应链竞争早已经上升到质量、交
货及服务等更高层面，已有研究缺少对上述竞争要素的探讨。其次，同时
考虑两种以上竞争要素如价格和质量的研究更能贴近企业的实际，有更
好的实践价值，但相关文献更加少见。最后，研究竞争情境下供应链质量
管理的为数不多的文献大多讨论零售商端存在竞争的情况，缺乏对供应

商端竞争情境的研究。事实上，随着供应商在供应链权力结构中扮演的角色越来越重要，有必要对其决策行为进行深入研究。因此，本节同时将质量努力和零售价格引入供应商端存在竞争的供应链协调机制的研究中，运用动态博弈对由两个供应商和一个制造商构成的供应链系统的四种不同情境（供应链集中决策、供应商合作、供应商不合作、制造商只与一家供应商合作）进行比较，分析价格竞争和质量竞争的激烈程度及质量努力成本对不同情境下零售价格、质量努力水平及企业利润的影响。与现有相关研究相比，本节研究主要有两个特点：一是不再单纯考虑价格或质量竞争，而是将两者纳入同一个框架进行探讨，并将价格竞争和质量努力竞争的强度剥离出来专门进行分析；二是很多文献探讨的是零售商之间存在竞争时供应链成员的决策行为，而本节则重点考察了供应商之间竞争或者合作对于最终均衡结果的影响。

5.1.1 模型描述

本节考察如图 5-1 所示的二级供应链，存在两个供应商 S_i，$i \in \{1, 2\}$，$j = 3 - i$。供应商以单位成本 c_i 生产产品，并以批发价格 w_i 向制造商 M 供货，制造商则以 p_i 的零售价格销售产品。

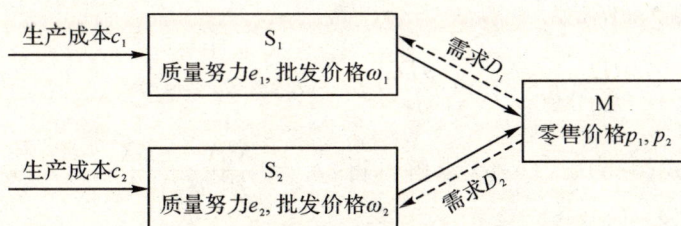

图 5-1　存在质量和价格竞争的二级供应链

产品 i 的需求函数为：
$$D_i = \alpha_i - \beta_p p_i + \gamma_p (p_j - p_i) + \beta_e e_i - \gamma_e (e_j - e_i) \tag{5-1}$$

其中，$\alpha_i, \beta_p > 0$，$\gamma_p, \beta_e, \gamma_e \geq 0$。$\alpha_i$ 表示产品 i 的市场需求基数，反映了产品对消费者的吸引力。β_p 和 β_e 度量市场需求对零售价格和供应商质量努力水平的反应程度。γ_p 和 γ_e 是对价格竞争和质量努力竞争程度的测度。

不附属于制造商的供应商的利润函数为：

$$\prod_{S_i} = D_i(w_i - c_i) - \frac{\theta_i e_i^2}{2} \tag{5-2}$$

其中，$\theta_i(\theta_i > 0)$为供应商 i 的质量努力成本参数，类似的质量努力成本参数还被 Gurnani & Erkoc(2008)，Kaya & Ozer(2009)等诸多文献采用。

若供应商 i 以批发价格 w_i 供货，则制造商的利润函数为：

$$\prod_M = \sum_{i=1}^{2} D_i(p_i - w_i) \tag{5-3}$$

所有参与者的总利润函数为：

$$\prod_C = \sum_{i=1}^{2} \left[D_i(p_i - c_i) - \frac{\theta_i e_i^2}{2} \right] \tag{5-4}$$

5.1.2 供应链均衡解

(1)供应链集中决策(CC)的均衡分析

在该情境下，制造商和两个供应商一起协同运作优化决策，可以认为两个供应商为制造商的附属工厂，制造商从全局优化的角度指导供应商制订决策。此时，由所有参与者总利润最大化的一阶条件可知：

$$\frac{\partial \prod_C}{\partial p_i} = \frac{\partial D_i}{\partial p_i}(p_i - c_i) + D_i + \frac{\partial D_j}{\partial p_i}(p_j - c_j) = 0 \tag{5-5}$$

$$\frac{\partial \prod_C}{\partial e_i} = \frac{\partial D_i}{\partial e_i}(p_i - c_i) + \frac{\partial D_j}{\partial e_i}(p_j - c_j) - \theta_i e_i = 0 \tag{5-6}$$

联立式(5-5)、式(5-6)求解可得：$p_i = \dfrac{X_i A_j - B X_j}{B^2 - A_1 A_2}$。

其中，

$$X_i = \alpha_i + \left[(\beta_p + \gamma_p) - \frac{(\beta_e + \gamma_e)^2}{\theta_i} - \frac{\gamma_e^2}{\theta_j} \right] c_i + \left[\gamma_e(\beta_e + \gamma_e)\left(\frac{1}{\theta_1} + \frac{1}{\theta_2} \right) - \gamma_p \right] c_j,$$

$$A_i = -2(\beta_p + \gamma_p) + \frac{(\beta_e + \gamma_e)^2}{\theta_i} + \frac{\gamma_e^2}{\theta_j},$$

$$B = 2\gamma_p - \left(\frac{1}{\theta_1} + \frac{1}{\theta_2} \right) \gamma_e(\beta_e + \gamma_e)。$$

此外，

$$e_i = \frac{1}{\theta_i} \left[(\beta_e + \gamma_e)(p_i - c_i) - \gamma_e(p_j - c_j) \right]。$$

(2)供应商不合作(NC)时的均衡分析

在该情境下,供应商之间不存在合作关系(Noncooperating, NC),供应商与制造商也不合作。决策时序为两个供应商先同时确定其质量努力水平 e_i 和批发价格 w_i,制造商再确定零售价格 p_i。

由逆向归纳法,首先考虑制造商对零售价格 p_i 的决策,根据制造商利润最大化的一阶条件可知:

$$\frac{\partial \prod_M}{\partial p_i} = \frac{\partial D_i}{\partial p_i}(p_i - w_i) + D_i + \frac{\partial D_j}{\partial p_i}(p_j - w_j) = 0 \tag{5-7}$$

由式(5-7)可得:

$$D_i = \frac{\alpha_i - (\beta_p + \gamma_p)w_i + (\beta_e + \gamma_e)e_i + \gamma_p w_j - \gamma_e e_j}{2}。$$

接下来供应商进行其质量努力水平与批发价格的决策,将式(5-7)代入供应商的利润函数,由供应商利润最大化的一阶条件可知:

$$\frac{\partial \prod_{S_i}}{\partial w_i} = \frac{\partial D_i}{\partial w_i}(w_i - c_i) + D_i = 0 \tag{5-8}$$

$$\frac{\partial \prod_{S_i}}{\partial e_i} = \frac{\partial D_i}{\partial e_i}(w_i - c_i) - \theta_i e_i = 0 \tag{5-9}$$

联立式(5-8)、式(5-9)求解可得:$e_i = \dfrac{X_j B_j - X_i A_j}{A_i A_j - B_i B_j}$。

其中,

$X_i = \alpha_i - (\beta_p + \gamma_p)c_i + \gamma_p c_j,$

$A_i = \beta_e + \gamma_e - \dfrac{4\theta_i(\beta_p + \gamma_p)}{\beta_e + \gamma_e},$

$B_i = -\gamma_e + \dfrac{2\theta_i \gamma_p}{\beta_e + \gamma_e}。$

此外,$w_i = \dfrac{2\theta_i e_i}{\beta_e + \gamma_e} + c_i$。

(3)供应商合作(SC)时的均衡分析

若两个供应商合作(Supplier Cooperating, SC),可以认为两个供应商为了在供应链中获得更大的话语权结成联盟对抗强势的制造商,此时两个供应商的总利润为:

$$\prod_S = \sum_{i=1}^{2}\left[D_i(w_i - c_i) - \frac{\theta_i e_i^2}{2}\right] \tag{5-10}$$

首先考虑制造商对零售价格 p_i 的决策,与 NC 情境中一样,不再赘述。接下来考虑供应商的决策,由供应商利润最大化的一阶条件可知:

$$\frac{\partial \prod_S}{\partial w_i} = \frac{\partial D_i}{\partial w_i}(w_i - c_i) + D_i + \frac{\partial D_j}{\partial w_i}(w_j - c_j) = 0 \tag{5-11}$$

$$\frac{\partial \prod_S}{\partial e_i} = \frac{\partial D_i}{\partial e_i}(w_i - c_i) - \theta_i e_i + \frac{\partial D_j}{\partial e_i}(w_j - c_j) = 0 \tag{5-12}$$

联立式(5-11)、式(5-12)求解可得:$e_i = \dfrac{A_j X_i - B_j X_j}{B_1 B_2 - A_1 A_2}$。

其中,

$$A_i = \beta_e + \gamma_e - 4\theta_i \frac{\beta_p \beta_e + \beta_p \gamma_e + \beta_e \gamma_p}{\beta_e(\beta_e + 2\gamma_e)},$$

$$B_i = 4\theta_i \frac{\beta_e \gamma_p - \beta_p \gamma_e}{\beta_e(\beta_e + 2\gamma_e)} - \gamma_e,$$

$$X_i = \alpha_i - (\beta_p + \gamma_p)c_i + \gamma_p c_j。$$

此外,$w_i = c_i + \dfrac{2(\beta_e + \gamma_e)\theta_i e_i + 2\gamma_e \theta_j e_j}{\beta_e(\beta_e + 2\gamma_e)}$。

(4)混合情形(MC)时的均衡分析

在该情境中,制造商与供应商 2 合作,与供应商 1 不合作(Mixed Cooperating,MC),可以认为与之合作的是其附属供应商,而不合作的是关系松散的外包供应商。供应商 1 先确定其质量努力水平和批发价格,与此同时,制造商确定供应商 2 的质量努力水平,当制造商收到两个供应商的产品后再确定零售价格。

此时制造商的利润为:

$$\prod_M = D_1(p_1 - w_1) + D_2(p_2 - c_2) - \frac{\theta_2 e_2^2}{2}。$$

对制造商来说,由利润最大化的一阶条件可知:

$$\frac{\partial \prod_M}{\partial p_1} = -(\beta_p + \gamma_p)(p_1 - w_1) + D_1 + \gamma_p(p_2 - c_2) = 0 \tag{5-13}$$

$$\frac{\partial \prod_M}{\partial p_2} = \gamma_p(p_1 - w_1) + D_2 - (\beta_p + \gamma_p)(p_2 - c_2) = 0 \tag{5-14}$$

联立式(5-13)、式(5-14)求解可得:

$$p_1 = \frac{A(\beta_p + \gamma_p) + B\gamma_p}{2\beta_p(\beta_p + 2\gamma_p)}, \quad p_2 = \frac{A\gamma_p + B(\beta_p + \gamma_p)}{2\beta_p(\beta_p + 2\gamma_p)}。$$

其中，$A = (\beta_p + \gamma_p)w_1 - \gamma_p c_2 + (\beta_e + \gamma_e)e_1 - \gamma_e e_2 + \alpha_1$，$B = -\gamma_p w_1 + (\beta_p + \gamma_p)c_2 - \gamma_e e_1 + (\beta_e + \gamma_e)e_2 + \alpha_2$。

对供应商 1 来说，由其利润最大化的一阶条件可知：

$$\frac{\partial \prod_{S_1}}{\partial w_1} = \frac{\partial D_1}{\partial w_1}(w_1 - c_1) + D_1 = 0 \tag{5-15}$$

$$\frac{\partial \prod_{S_1}}{\partial e_1} = \frac{1}{2}(\beta_e + \gamma_e)(w_1 - c_1) - \theta_1 e_1 = 0 \tag{5-16}$$

同时，由制造商利润最大化的一阶条件可知：

$$\frac{\partial \prod_{M}}{\partial e_2} = -\frac{1}{2}\gamma_e(p_1 - w_1) + \frac{1}{2}(\beta_e + \gamma_e)(p_2 - c_2) - \theta_2 e_2 = 0 \tag{5-17}$$

将 p_1，p_2 代入式（5-15）、式（5-16）、式（5-17），可得 e_1，e_2，w_1，但其表达式较复杂，不再给出。

5.1.3 供应链均衡解

为了更好地分析不同情境下的均衡解，我们首先剔除市场需求基数、成本及质量努力成本参数对结果的影响，考虑 $\alpha_1 = \alpha_2 = \alpha$，$c_1 = c_2 = c$，$\theta_1 = \theta_2 = \theta$ 时，集中决策（CC）、供应商不合作（NC）、供应商合作（SC）三种情境下（表 5-1）供应商质量努力水平 e、批发价格 w 及零售价格 p 的变化。

定理 5-1　NC 情境下，e，p 是 γ_p 的单调减函数；在 SC 和 CC 情境下，e，p 与 γ_p 的变化无关，且 $e^{SC} < e^{CC}$。

定理 5-1 表明，在 NC 情境下，产品价格竞争对需求的影响越大，供应商产品质量努力水平和零售价格就会越低。也就是说，价格竞争越激烈，供应商越会因被迫降价销售而牺牲质量。与之相比，在 SC 和 CC 情境下，产品价格竞争对供应商质量努力水平和零售价格却都没有影响。这是因为在后两种情境下，供应商的合作使得它们在考虑质量努力水平决策时不再考虑价格竞争对各自需求的影响，制造商在制订零售价格决策时自然也不会考虑这种影响。值得注意的是，SC 情境比 CC 情境的质量努力水平要低，这说明供应商的合作反而会降低质量努力水平。不同情境下，质量努力水平、批发价格与零售价格具体情况如表 5-1 所示。

表 5-1　不同情境下的均衡解比较

	CC	NC	SC
e	$\dfrac{(\alpha-\beta_p c)\beta_e}{2\theta\beta_p-\beta_e^2}$	$\dfrac{(\alpha-\beta_p c)(\beta_e+\gamma_e)}{2\theta(2\beta_p+\gamma_p)-\beta_e(\beta_e+\gamma_e)}$	$\dfrac{(\alpha-\beta_p c)\beta_e}{4\theta\beta_p-\beta_e^2}$
w	—	$c+\dfrac{2\theta e}{\beta_e+\gamma_e}$	$\dfrac{c+2\theta e}{\beta_e}$
p	$c+\dfrac{\theta}{\beta_e}e$	$\dfrac{(\alpha+\beta_p c)(\beta_e+\gamma_e)+[2\theta\beta_p+\beta_e(\beta_e+\gamma_e)]e}{2\beta_p(\beta_e+\gamma_e)}$	$\dfrac{(\alpha+\beta_p c)\beta_e+(\beta_e^2+2\theta\beta_p)e}{2\beta_p\beta_e}$

定理 5-2　在 CC 和 SC 情境下，e，p 与 γ_e 无关；在 NC 情境下，e，p 与 γ_e 的关系不确定。

由定理 5-2 可知，γ_e 对供应商质量努力水平和零售价格的影响是复杂的，但可以明确的是，γ_e 对 CC 和 SC 情境下供应商的质量努力没有明显的促进作用。CC 情境的特别之处在于，此时市场上只有唯一的厂商，它只需要提供产品，不必担心由于质量的差异带来的销售问题，所以供应商质量努力水平与零售价格不受 γ_e 影响；而在 SC 情境下，由结论可知，两合作的供应商由于不考虑价格竞争对各自需求的影响，且在质量决策时会考虑合作的因素，也可以自然地推论到供应商质量努力水平和零售价格不受 γ_e 影响。

定理 5-3　在 NC 情境下，w 是 γ_e 的单调增函数，也是 γ_p 的单调减函数；而在 SC 情境下，w 与 γ_e，γ_p 无关。

定理 5-3 表明，只有在 NC 情境下供应商批发价格才受 γ_e，γ_p 影响，且产品质量竞争对需求的影响越大，供应商质量努力的提升会使产品批发价格越高；但是，随着产品价格竞争对需求影响程度的加深，制造商会利用供应商之间的价格竞争压价，因此供应商不合作时批发价格反会下降。而供应商合作时，共同的利益诉求使它们放弃了价格竞争，对质量竞争也不敏感，因此产品零售价格和质量竞争程度的变化对批发价格没有影响。

接下来我们比较供应商合作与非合作的情境下，γ_p 的变化对均衡解的影响，如表 5-2 所示。

表 5-2 供应商合作(SC)与非合作(NC)情境下的均衡比较

	$0 < \gamma_p \leqslant \gamma_{p_1}$	$\gamma_{p_1} < \gamma_p \leqslant \gamma_{p_2}$	$\gamma_{p_2} < \gamma_p \leqslant \gamma_{p_3}$	$\gamma_{p_3} < \gamma_p$
e	$e^{NC} \geqslant e^{SC}$	$e^{NC} < e^{SC}$	$e^{NC} < e^{SC}$	$e^{NC} < e^{SC}$
w	$w^{NC} > w^{SC}$	$w^{NC} \geqslant w^{SC}$	$w^{NC} < w^{SC}$	$w^{NC} < w^{SC}$
p	$p^{NC} > p^{SC}$	$p^{NC} > p^{SC}$	$p^{NC} \geqslant p^{SC}$	$p^{NC} < p^{SC}$

注:表中变量的等号只在相应 γ_p 区间的端点值处取到,且 γ_{p_1} 分别由 $e^{NC} = e^{SC}$,$w^{NC} = w^{SC}$,$p^{NC} = p^{SC}$ 得到,并假设 $\gamma_{p_1} < \gamma_{p_2} < \gamma_{p_3}$。

在市场竞争较小如某类产品刚进入市场时,企业会寻求品质差异化,因而比较关注以产品的质量投入赢得消费者的青睐。并且在这一阶段,供应商和制造商的生产成本都较高,但通常可以从高售价中得以弥补。这就是表 5-2 中 $0 < \gamma_p < \gamma_{p_1}$ 时的供应商质量努力水平及价格表现。但是,当价格竞争增强到一定程度时,处于弱势地位的供应商常常在激烈的竞争中基于成本的考虑而放弃产品质量投入。当然,如果供应商企业选择合作,则可以避免价格战的强大压力,并共同分担质量努力成本提高产品质量,最终实现高质量下的低价格,即表中 $\gamma_{p_1} < \gamma_p < \gamma_{p_2}$ 和 $\gamma_{p_2} < \gamma_p < \gamma_{p_3}$ 时的结果。

5.1.4 数值分析

上一节中我们分析了不同情境下价格竞争和质量竞争的激烈程度对供应商质量努力水平、批发价格及零售价格的影响。但由于部分均衡解的表达式非常复杂,很难获得直观的结论。本节将通过一些算例来进一步分析质量和价格两大因素对供应链成员、顾客甚至整个产业的影响。

令市场需求参数 $\alpha_1 = \alpha_2 = 200$,$\beta_p = 15$,$\beta_e = 3$,$\gamma_e = 2$,$c_1 = c_2 = 12$,$\theta_1 = \theta_2 = 6$,$\gamma_p \in [12, 30]$,则可得到不同情境下供应链的总利润和供应商质量努力水平,分别如图 5-2 和图 5-3 所示。

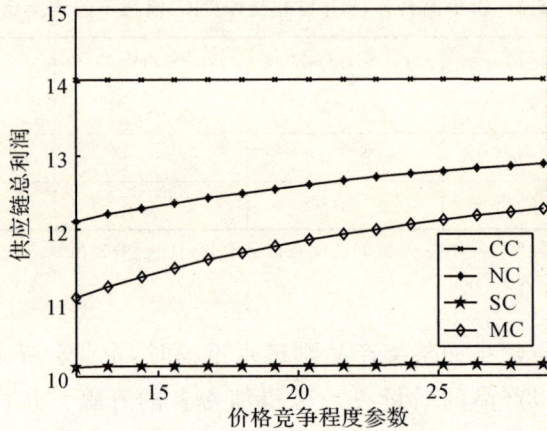

图 5-2　不同情境下 γ_p 对总利润的影响

由图 5-2 可知, γ_p 的变化对 CC 和 SC 情境的供应链总利润几乎没有影响。这较容易理解,在上述两种模式中供应商之间是合作的,因此在决策时会忽视彼此之间的价格竞争。而在 NC 和 MC 情境中,随着 γ_p 的增大,供应链总利润会略有上升。

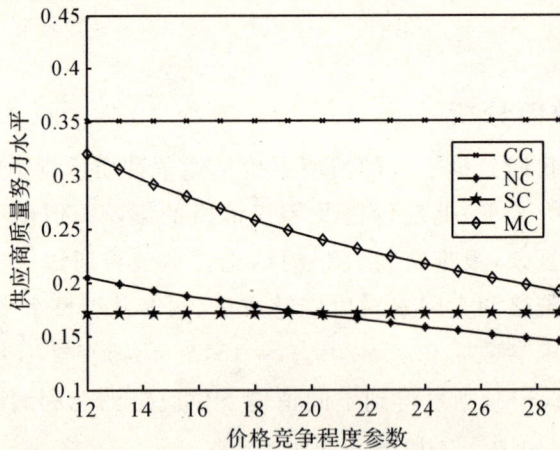

图 5-3　不同情境下 γ_p 对质量努力的影响

结合图 5-3 可知,CC 情境从全局视角进行决策优化,因此利润最高,且供应商质量努力水平要高于 SC 情境的。在 MC 和 NC 情境下,虽然供应链总利润随着价格竞争的加剧而有所上升,但供应商质量努力水平却随着价格竞争的加剧快速下降。可见,若供应链成员间能够实现协同运作,可以使整条供应链获得高利润,同时消费者还能得到高质量的产品。

　　值得注意的是,供应商合作并不会导致供应链总利润的增加。相反,当供应商之间开始合作对抗制造商时,利润反而低于不合作的情境,而此时的供应商质量努力水平也并不高。也就是说,供应商合作会使得其质量努力水平不会因价格竞争加剧而降低,并提升供应商对批发价格的议价能力,但却无法保证高质量努力水平。因此,对制造商来说,如果无法实现整条供应链的协同运作,那么可以采用 MC 情境,制造商通过与自有工厂的协作来制衡供应商以获得高质量产品。在没有自有工厂的情况下,制造商要尽量采用 NC 情境,避免陷入供应商形成的联盟与其对抗的SC 情境。

　　接下来保持其他参数不变,考虑质量竞争程度的变化,即 $\gamma_e \in [2,6]$ 时,对供应链总体利润和供应商质量努力水平的影响,具体如图 5-4 所示。

　　由图 5-4 可知,质量竞争程度的加深对 MC 和 SC 情境的供应链总利润有较大影响,而对其余两种情境的影响较小。结合图 5-5 可知,当 γ_e 增加时,MC 情境下供应商的质量努力水平会较快上升,但其质量成本也会快速上升,进而会大幅提高产品价格,导致需求降低,利润减少。当制造商为了长期的盈利更注重产品质量的提升而不是利润时,MC 情境中制造商的选择不失为一种好的协调策略,即通过自有工厂质量努力的改进来迫使供应商相应地提升其质量努力,这时供应商的质量努力水平甚至会超过 CC 情境下的。

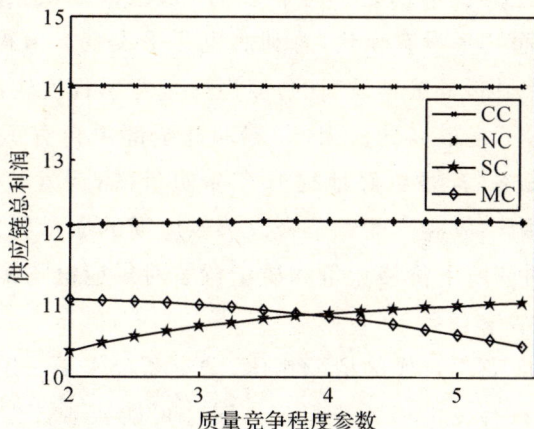

图 5-4　不同情境下 γ_e 对总利润的影响

在 SC 情境下,制造商会随着 γ_c 增加而提高零售价格,从而获利更多。但遗憾的是,供应商间的协作反而使其能以较低的质量努力水平向制造商供货,并且这种情况不会随着质量竞争程度的加深而改善。与之形成鲜明对比的是,在 NC 情境下,供应商的质量努力水平会随着质量竞争激烈程度的加深而提高,这说明在该情境下,供应商能够感受到质量竞争越来越激烈,不得不提升自己的质量努力。因此,若没有自有工厂,制造商应分别加强与两家供应商的合作,并尽量使供应商不要形成联盟,利用它们之间的竞争改善产品质量。

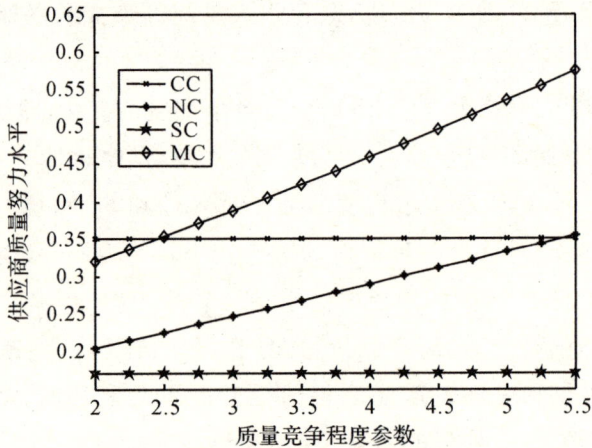

图 5-5 不同情境下 γ_c 对质量努力的影响

CC 情境中虽然供应商之间也存在合作,但由于决策从全局视角出发,质量努力反而几乎没有变化,总利润也几乎没变。值得注意的是,CC 情境的供应链总利润虽然是最高的,但当质量竞争程度较深时,该情境的质量努力水平却不是最高的。因此,零部件全部由自有工厂生产并非提升质量的最好策略,若要更好地提升产品质量,需要发挥外部供应商的"鲇鱼效应",利用供应商端的竞争来改善供应商的质量努力。

本节对不同情境下价格竞争和质量竞争对供应链均衡结果的影响进行了分析,主要结论有:

第一,与供应商不合作的情境相比,供应商合作不一定能够提升供应商的质量努力,只有在价格竞争很激烈时才可能实现。但供应商合作有助于供应商利润的增加。

第二,价格竞争激烈程度的加深并不一定会降低供应商的质量努力水平,对供应商合作的情境没有影响,对供应链集中决策的情境影响也较弱,但会使供应商不合作及混合情境下的供应商降低质量努力水平。在后两种情境中,质量努力水平降低使供应链整体利润上升,但利润却被制造商获得,供应商的利润反而下降了。

第三,质量竞争激烈程度的加深对 MC 和 NC 情境下供应商质量努力的提升都有帮助,但会使前者供应链的总利润下降,而对后者供应链的总利润影响不大。

本节主要讨论了价格竞争和质量竞争对供应链成员的协调运作的影响,但仅限于对供应商之间是否合作,以及供应商与制造商之间是否合作等不同情境进行分析,并没有运用契约理论设计具体的协调策略,因此将回购契约、收益共享契约等引入竞争情境下供应链质量管理协调机制的研究中是未来的研究方向。

5.2 需求不确定的供应链质量协调机制

5.2.1 问题描述与符号假设

本节主要研究由两个供应商及一个零售商组成的二级供应链,其中两个供应商提供类似的产品,并且供应链中的成员都是风险中性的,目的都是追求自身利润最大化。供应商以批发价格 w_i 向零售商供货,零售商根据自己对市场需求的估计向两个供应商分别提出自己的订购量 q_i。为了更好地处理未售出的产品,供应商与零售商签订回购契约。供应商以低于产品剩余价值 v_i 的价格 l_i 回购零售商未能出售的产品。具体如图 5-6 所示。

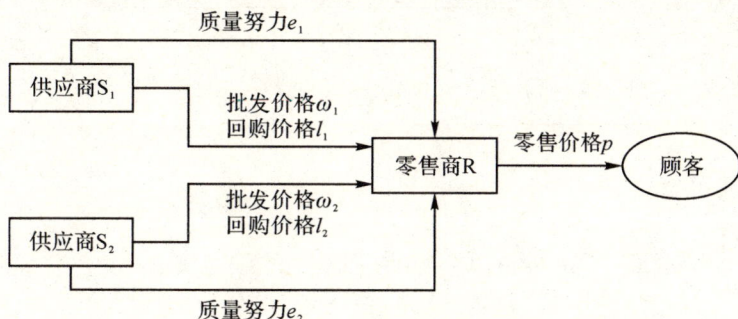

图 5-6　竞争情境下供应链模式

零售商所面临的需求函数为：$D_i = \alpha_i + \beta_i q_i - \gamma_i q_j + \theta_i e_i - \mu_i e_j$。

其中，$\beta_i > 0$，β_i 表示产品的订购量对市场需求量的影响程度，γ_i 表示竞争对手的订购量对市场上需求量的影响程度，并且 $\gamma_i > 0$。θ_i 为供应商 i 产品的质量对市场需求量的影响程度。μ_j 表示竞争对手产品的质量对市场需求量的影响程度。α_i 是一个非负随机变量，f_i，F_i 分别是其分布函数和密度函数，并且为连续的。为了计算分析的简便，假设 F_i^{-1} 也是连续的，并引入以下公式：

$$P[D_i \leqslant \xi] = F_i(\alpha_i - \beta_i q_i + \gamma_i q_j - \theta_i e_i + \mu_i e_j), i \neq j = 1, 2。$$

供应商的利润为：

$$\prod_{S_i} = w_i q_i - c_i q_i - \frac{k_i e_i^2}{2}, i \neq j, i, j = 1, 2 \tag{5-18}$$

零售商的利润：$\prod_R = \sum_{i=1}^{2} [pE_{\min}(q_i, D_i) + v_i E(q_i - D_i)^+ - w_i q_i]。$

整条供应链的利润：

$$\prod_C = \sum_{i=1}^{2} \left\{ p[q_i - E(q_i - D_i)^+] + v_i E(q_i - D_i)^+ - c_i q_i - \frac{k_i e_i^2}{2} \right\} \tag{5-19}$$

为了简化计算，假设不存在需求不足而造成的损失，即 $s = 0$。

5.2.2 模型分析

(1)集中式决策

为了实现供应链利润最大化，对式(5-19)求 q_i，e_i 的一阶导数可得：

$$\frac{\partial \prod_C}{\partial q_i} = \frac{pE_{\min}(q_i, D_i) + v_i E(q_i - D_i)^+ - c_i q_i - \dfrac{k_i e_i^2}{2}}{\partial q_i} +$$

$$\frac{pE_{\min}(q_j, D_j) + v_j E(q_j - D_j)^+ - c_j q_j - \dfrac{k_j e_j^2}{2}}{\partial q_i}。$$

化简可得：

$$\frac{\partial \prod_C}{\partial q_i} = p - (p - v_i)(1 - \beta_i) F_i[(1 - \beta_i)q_i + r_i q_j - \theta_i e_i + \mu_i e_j] -$$

$$c_i + r_j(v_j - p) F_j[(1 - \beta_j)q_j + r_j q_i - \theta_j e_j + \mu_j e_i] = 0;$$

$$\frac{\partial \prod_C}{\partial e_i} = \frac{pE_{\min}(q_i, D_i) + v_i E(q_i - D_i)^+ - c_i q_i - \dfrac{k_i e_i^2}{2}}{\partial e_i} +$$

$$\frac{pE_{\min}(q_j, D_j) + v_j E(q_j - D_j)^+ - c_j q_j - \dfrac{k_j e_j^2}{2}}{\partial e_i}。$$

又因为 $F_i[(1 - \beta_i)q_i + \gamma_i q_j - \theta_i e_i + \mu_i e_j]$

$$= \frac{p(1 - \beta_j - r_i) - (1 - \beta_j)c_i + \gamma_j c_j}{(v_i - p)(1 - \beta_1)(1 - \beta_2) - r_1 r_2 (v_i - p)}, 令$$

$$\lambda_{1i} = \frac{p(1 - \beta_j - \gamma_i) - (1 - \beta_j)c_i + \gamma_j c_j}{(v_i - p)(1 - \beta_1)(1 - \beta_2) - r_1 r_2 (v_i - p)}。$$

在此令 $F_i \equiv P[D_i \leqslant q_i] = F_i(q_i - \beta_i q_i + \gamma_i q_j - \theta_i e_i + \mu_i e_j)$，如果 $\{F_i, i = 1, 2\}$ 被给定，则 $\{q_i, i = 1, 2\}$ 就能够被确定。当 $F_i = \lambda_{1i}$ 时，则供应链中的最优订购量为：

$$q_i^* = \frac{(1 - \beta_j)F_i^{-1}(\lambda_{1i}) - r_i F_j^{-1}(\lambda_{1j}) + [\theta_i(1 - \beta_j) + \gamma_i \mu_j]e_i - [\mu_i(1 - \beta_j) + \gamma_i \theta_i]e_j}{(1 - \beta_1)(1 - \beta_2) - r_1 r_2}$$

$$(5-20)$$

$$\frac{\partial \prod_{C_i}}{\partial e_i} = p \frac{\theta_i(1 - \beta_j) + r_i \mu_j}{(1 - \beta_1)(1 - \beta_2) - r_i r_j} - (p - v_i)F_i[(1 - \beta_i)q_i + r_i q_j -$$

$$\theta_i e_i + \mu_i e_j] = \frac{\theta_i(1 - \beta_j) + r_i \mu_j}{(1 - \beta_1)(1 - \beta_2) - r_i r_j} - k_i e_i = 0,$$

令 $\dfrac{\theta_i(1 - \beta_j) + r_i \mu_j}{(1 - \beta_1)(1 - \beta_2) - r_i r_j} = R$，则 $e_i^* = \dfrac{pR + (v_i - p)F_i R}{k_i}$ $(5-21)$

此时，整条供应链的利润为：

$$\prod_C = \sum_{r=1}^{2} (p - c_i)q_i + (v_i - p)\int_0^{F_i^{-1}(\lambda_i)} F_i(u)\,\mathrm{d}u - \frac{[pR + (v_i - p)F_i R]^2}{2k_i}。$$

(2) 分散式决策

假设供应商先确定其质量努力水平，零售商再确定其订货量。根据一阶条件可得：$\dfrac{\partial \prod_{R_i}}{\partial q_i} = p + (v_i - p)(1 - \beta_i)F_i + r_j(v_j - p)F_j = 0$。

令 $F_i = \lambda_{2i} = \dfrac{p(1 - \beta_j - r_i) - (1 - \beta_j)w_i}{(v_i - p)(1 - \beta_1)(1 - \beta_2) - r_1 r_2 (v_i - p)}$,

$$q_i^* = \frac{(1-\beta_j)F_i^{-1}(\lambda_{2i}) - r_i F_j^{-1}(\lambda_{2i}) + [\theta_i(1-\beta_j) + r_i\mu_j]e_i - [\mu_i(1-\beta_j) + r_i\theta_i]e_j}{(1-\beta_1)(1-\beta_2) - r_1 r_2}。$$

供应商根据零售商所做出的决策制订行为策略,即在式(5-18)两边对 e_i 进行求导得出:

$$\frac{\partial \prod_{S_i}}{\partial e_i} = (w_i - c_i)\frac{\partial q_i}{\partial e_i} - k_i e_i = 0,则$$

$$e_i^* = \frac{(w_i - c_i)[\theta_i(1-\beta_j) + \gamma_i\mu_j]}{[(1-\beta_1)(1-\beta_2) - \gamma_1\gamma_2]k_i}。$$

(3)使用回购契约的决策

供应商首先确定其质量努力水平 e_i 和回购价格 l_i,零售商确定其订购量 q_i,此时,

供应商的利润:

$$\prod_{S_i} = w_i q_i - c_{S_i} q_i - \frac{k_i e_i^2}{2} - l_i E(q_i - D_i)^+ \tag{5-22}$$

零售商的利润:

$$\prod_R = \sum_{i=1}^{2} p[q_i - E(q_i - D_i)^+] + l_i E(q_i - D_i)^+ - w_i q_i \tag{5-23}$$

由逆向归纳法可知,首先零售商决定其最优订购量 q_i,式(5-23)两边对 q_i 求导,得出:

$$\frac{\partial \prod_R}{\partial q_i} = p - w_i + (l_i - p)(1-\beta_i)F_i + (l_j - p)r_j F_j = 0,其中$$

$$\frac{\partial E(q_i - D_i)^+}{\partial q_i} = (1-\beta_i)F_i[(1-\beta_i)q_i + r_i q_j - \theta_i e_i + \mu_i e_j]。$$

$$F_i = \frac{(1-\beta_j)(p - w_i) - (p - w_j)r_j}{(l_i - p)(1-\beta_1)(1-\beta_2) - (l_i - p)r_1 r_2} = \lambda_{1i}$$

$$q_i^* = \frac{(1-\beta_j)F_i^{-1}(\lambda_{1i}) - r_i F_j^{-1}(\lambda_{1i}) + [\theta_i(1-\beta_j) + r_i\mu_j]e_i - [\mu_i(1-\beta_j) + r_i\theta_i]e_j}{(1-\beta_1)(1-\beta_2) - r_1 r_2}$$

$$\tag{5-24}$$

把式(5-24)代入式(5-21)得出供应商利润,此时由供应商决定最优的质量努力水平 e_i 和回购价格 l_i。

$$\frac{\partial \prod_{S_i}}{\partial e_i} = (w_i - q_i)\frac{\partial q_i}{\partial e_i} - k_i e_i - l_i \frac{\partial E(q_i - D_i)^+}{\partial e_i};$$

$$\frac{\partial \prod_R}{\partial l_i} = (w_i - q_i) \frac{\partial q_i}{\partial l_i} - k_i \frac{\partial ei}{\partial l_i} - l_i \frac{\partial E(q_i - D_i)^+}{\partial l_i} - E(q_i - D_i)^+ \, 。$$

则得出最后的回购策略符合：

$$\frac{\partial E(p_i - D_i)^+}{\partial e_i} = \frac{(1-\beta_i)F_i(Z_i)[\theta_i(1-\beta_i) + r_i\mu_j]}{(1-\beta_1)(1-\beta_2) - r_1 r_2} ;$$

$$e_i^* = \frac{\theta_i(1-\beta_i) + r_i\mu_j}{(1-\beta_1)(1-\beta_2) - r_1 r_2} [w_i - c_i + l_i(1-\beta_i)F_i] \, 。$$

令 $\dfrac{-1}{2F_i(\lambda_{i_i})(l_i - p)[(1-\beta_1)(1-\beta_2) - r_1 r_2]} = A_i$，则 l_i 需要满足条件：

$$(w_i - c_i) \frac{(1-\beta_j)A_i - r_i A_j}{(1-\beta_1)(1-\beta_2) - r_1 r_2} + k_i e_i \frac{\theta_i(1-\beta_i) + r_i\mu_j}{(1-\beta_1)(1-\beta_2) - r_1 r_2}(1 - \beta_i)F_i - E(q_i - D_i)^+ - l_i \frac{(1-\beta_j)A_i - r_i A_j}{(1-\beta_1)(1-\beta_2) - r_1 r_2}(1-\beta_i)F_i = 0 \, 。$$

5.2.3 均衡结果分析

本部分将对上述结果进行分析，首先讨论没有采用回购契约的情境下参数的变化对结果的影响，接下来对加入回购契约情境下供应链成员的行为策略对订购量、产品质量努力水平的影响，具体如表 5-3 所示。

表 5-3 不同模式下的订购水平

模式	λ_i	q_i
集中	$\dfrac{p(1-\beta_j - r_i) - (1-\beta_j)c_i + r_i c_j}{(v_i - p)(1-\beta_1)(1-\beta_2) - r_1 r_2(v_i - p)}$	$\dfrac{(1-\beta_i)F_i^{-1}(\lambda_{1i}) - r_i F_j^{-1}(\lambda_{1j}) + [\theta_i(1-\beta_i) + r_i\mu_j]e_i - [\mu_i(1-\beta_i) + r_i\theta_j]e_j}{(1-\beta_i)(1-\beta_2) - r_1 r_2}$
分散	$\dfrac{p(1-\beta_i - r_i) - (1-\beta_i)w_i}{(v_i - p)(1-\beta_1)(1-\beta_2) - r_1 r_2(v_i - p)}$	$\dfrac{(1-\beta_i)F_i^{-1}(\lambda_{2i}) - r_i F_j^{-1}(\lambda_{2j}) + [\theta_i(1-\beta_i) + r_i\mu_j]e_i - [\mu_i(1-\beta_i) + r_i\theta_j]e_j}{(1-\beta_i)(1-\beta_2) - r_1 r_2}$
回购	$\dfrac{(1-\beta_i)(p-w_i) - (p-w_i)r_j}{(l_i - p)(1-\beta_1)(1-\beta_2) - (l_i - p)r_1 r_2}$	$\dfrac{(1-\beta_i)F_i^{-1}(\lambda_{1i}) - r_i F_j^{-1}(\lambda_{1j}) + [\theta_i(1-\beta_i) + r_i\mu_j]e_i - [\mu_i(1-\beta_i) + r_i\theta_j]e_j}{(1-\beta_i)(1-\beta_2) - r_1 r_2}$

根据表 5-3 及上述所得到的结果可以得到以下结论：[其中满足条件 $\dfrac{1-\beta_j}{(1-\beta_1)(1-\beta_2) - r_i r_j} \geqslant 0, 1-\beta_i > r_i > 0$]

定理 5-4 在集中决策模式下，若生产成本 c_i 或批发价格 w_i 上升，零售商将会降低其在供应商 i 处的订购量；在集中决策和分散决策模式下，若剩余价值 v_i 上升，零售商将会提高其在供应商 i 处的订购量 q_i；在回购契约模式下,若 l_i 上升,零售商将会提高其在供应商 i 处的订购量 q_i。

证明:当 v_i 上升时,$\lambda_i = \dfrac{p(1-\beta_j-r_i)-(1-\beta_j)c_i+r_jc_j}{(v_i-p)(1-\beta_1)(1-\beta_2)-r_1r_2(v_i-p)}F_i^{-1}(\lambda_i)$ 也呈上升趋势,根据前文所述 F_i^{-1} 为增函数,此时 $F_i^{-1}(\lambda_i)$ 也增大。可知:

$$q_i = \frac{(1-\beta_j)F_i^{-1}(\lambda_{1i})-r_iF_j^{-1}(\lambda_{1j})-r_i\alpha_j+(1-\beta_j)\alpha_i+[\theta_i(1-\beta_j)+r_i\mu_j]e_i-[\mu_i(1-\beta_j)+r_i\theta_i]e_j}{(1-\beta_1)(1-\beta_2)-r_1r_2}$$

也增大。同理可证余下结论。

证毕。

定理 5-5 若 μ_i,w_i 或 θ_i 上升,供应商 i 将会提高其质量努力水平,且回购契约情境下供应商的质量努力水平高于分散决策模式下的。

5.3 竞争对供应链产品质量影响的进一步讨论

上述两节仅讨论了供应商端存在的竞争对供应链产品质量决策的影响,并没有分析零售商端的竞争对供应链产品质量决策的影响,下文将对该问题进一步展开讨论。我们知道,零售商端的竞争对供应链产品质量管理存在双刃剑效应。一方面,激烈的市场竞争促使企业通过加强合作来不断提高供应链的管理水平,顾客也因此获得了更优质的产品和服务;另一方面,过大的竞争压力也迫使供应链中的部分企业为降低成本而牺牲了对质量的控制,导致大量劣质产品流入市场,使很多消费者深受其害,也为成员企业的经营带来了很大风险。近年来,"凡世通轮胎事件""三鹿事件"等一系列质量问题的爆发充分验证了这一点。我们所关心的问题是,在何种情境下竞争会对供应链产品质量改进有正向影响,在何种情境下又会有负向影响。

首先,顾客与企业之间拥有的产品质量信息越对称,竞争因素就会越促进企业改进产品质量;反之,顾客与企业之间拥有的产品质量信息越不对称,竞争因素就会导致企业降低对产品质量的监管力度。例如,凡客诚品的主要销售产品是服装,顾客与企业拥有的产品质量信息几乎一致,顾客可以很容易地辨识出产品质量的好坏。当市场竞争越来越激烈,如麦网等竞争对手步步紧逼时,凡客诚品越来越关注供应链质量控制。凡客诚品采用源头质量控制的办法,精选为 BOSS,ARMANI 等知名服装品牌提供原材料的一线供应商,花费了大量的精力对生产中的重要工序进行质量监督,派人驻扎在供应商处,即时监控每批产品的质量,并且协助供应商提高质量管理的水平。与服装不同,奶粉的质量难以检测,顾客与企业之间存在着严重的信息不对称,同时企业在残酷的市场竞争中感受到了巨大的压力,为了在竞争中生存下来,很多企业抱着侥幸心理,认为顾客不会觉察产品的质量问题,以致添加三聚氰胺在奶粉行业成了普遍现象。

其次,良性竞争可能会促使核心企业通过提升产品质量实现一定程度的差异化,恶性竞争可能会导致供应链上的企业牺牲质量追求低价。我国白色家电产业已经逐渐进入了良性竞争的阶段,企业普遍遵守行业规则,依照与成本的合理关系来定价并把自己限制于行业的某些部分或细分市场里,接受为它们的市场份额和利润所规定的大致界限的竞争对手,通过提高产品差异化获取或扩大销售利润。以格力电器为例,该企业成长的历程就是不断改进产品质量的过程。为了控制产品质量,格力专门成立了筛选工厂,该工厂有 600 名员工,但并不产生直接效益,只负责对采购的所有零件进行 100% 的筛选,连最小的电容都必须经过严格测试,然后将合格的零部件提供给组装车间。有些供应商甚至诉苦说,其产品供应给其他厂家是特等品,而供应给格力电器则连一等品都算不上。相比而言,网上订餐行业则因恶性竞争而引发了诸多质量问题。饿了么是比较知名的网上订餐企业,但面对美团、百度外卖等企业的激烈竞争,其不断降低供应商进入的门槛,对供应商资质的审查制度形同虚设,导致大量质量问题的发生。央视的报道指出,"饿了么"网站显示的多家平台实体店铺与订餐平台上的照片不相符。订餐平台上的店面宽敞明亮,但实体店面却混乱狭小,餐厅的厨师甚至直接用牙咬开加工食材。此外,还有一大批"饿了么"上线商家,并没有经营执照、卫生许可证等。

最后,若供应链内的企业合作关系较为紧密,那么零售端的竞争压力在向供应链上游传递的过程中往往可以在不降低产品质量的前提下通过协同运作的方式得以化解;反之则可能导致供应链成员关系变得紧张,产品质量下降,甚至合作关系破裂。近些年来,汽车制造业的竞争日趋激烈,但日本的汽车制造企业依然保持了非常强的市场竞争力,主要原因就在于其核心企业与供应商之间良好的合作关系。面对激烈的竞争,核心企业并不能一味地要求其供应商降低零部件的价格,而应是与供应商共同商讨解决之道。例如,丰田首先甄选出与自己拥有共同理念,并且在质量、价格、交货期及技术等各个方面能满足自己要求或具备较好潜力的供应商,再加以持续培养。然后,丰田构筑了相关的基础设施及组织间的流程来实现知识在其供应商网络之间的交流与传递,这包括供应商协会、咨询小组及自主学习团队等多种形式。以咨询小组为例,丰田会免费派遣专家协助其供应商解决质量管理方面的问题。与之截然不同的是,欧美的很多企业往往寻找多家供应商,试图通过供应商之间的竞争来压低采购价格。这在竞争不太激烈的市场环境下可行,但如果零售商端竞争极端激烈,零售商支付给供应商的采购价格过低,那么供应商则可能通过降低产品质量的方式进行抗争,甚至会出现中断供应的情况。以宜家为例,全球的家具生产成本,如原材料及人力成本都呈现上涨的趋势,但其产品售价基本保持每年 5% 的降幅,这就使得供应商不得不寻找更低廉的材料来维持生产,甚至以次充好,导致宜家多次出现产品召回的现象。我国的一些宜家代工工厂甚至由于采购价格过低连续亏损三年,最后不得不中断供货。

第 6 章　考虑政府监管的供应链质量控制机制

6.1 问题提出

　　供应链成员企业的行为往往不是实现整条供应链的最优化运作,而是追求自身利益最大化情况下的行为。在激烈的市场竞争压力下,企业可能会为了降低成本而减少对质量控制的投入,从而出现劣质商品流入市场的现象。以食品行业为例,近年来曝出的"三鹿事件""苏丹红事件""绿猪肉事件"等都表明,食品行业的供应链质量控制现状堪忧。食品质量与广大民众的身体健康息息相关,食品供应链又有其独特性和典型性,因此本章将以食品行业供应链为例分析政府监管对供应链质量控制的影响。

　　食品行业供应链质量控制困难是由多种因素造成的。一方面,当出现质量安全事件后,追踪和确认问题根源需要花费很长时间。由于供应链链条较长,链条上的各环节都有可能造成最终的质量问题,但却难以确定问题究竟出在哪个环节上,责任难以追究,使得有些企业敢于降低对产品质量的控制。另一方面,顾客对食品类商品的质量水平难以判定,索赔较为困难。很多食品质量问题对顾客的健康损害是隐性的、长期的,需要借助专业的检验设备才能检测,检测的成本也非常高,这对大多数顾客来说无疑是不现实的。而且,即便顾客健康出现问题,有时也很难证明是该产品引起的。很多企业认为,顾客不会发现产品的质量问题,或者发现了也很难索赔,所以在质量控制方面不愿投入太多精力。

　　由于上述原因,完全依靠企业自律无法保证食品质量安全,很多研究者,如汪志君、阚娟(2005),李艳波、刘松先(2007),周开宁(2010)提出,提高食品供应链中的产品质量水平不能仅仅依赖供应链成员,信息的不对称使得消费者对于生产商向社会提供的产品缺乏足够的认识,导致市场失灵,需要加强政府的监督监管和激励作用。张云华、孔祥智(2004),余浩然、周德翼(2005),Zhu(2007)和王娟等(2011)从博弈论角度指出,食品行业产品质量的形成是企业和政府共同协调的结果。本章将运用Stackelberg博弈对政府和企业的决策行为进行分析,探讨政府如何制定政策以提高供应链成员的质量努力水平,改善最终的产品质量。

6.2 模型描述

6.2.1 模型假设及符号

为便于分析,本章做出如下基本假设:在博弈中行为参与人对其他行为人的行为特征、策略及收益函数具有相同的信息,并且在此博弈中仅有政府和食品生产企业两个参与者,两者分别在检测的概率和质量努力水平上进行决策。虽然在不同的情境中,政府和企业的行动次序是不一致的,但都是基于自身利益最大化的角度制定自身行为策略。具体参数如下:

p:产品价格。

e:企业的质量努力水平。市场中顾客是否选择购买产品将综合考虑所供应产品的价格 p 和企业的质量努力水平 e。其中,e_L 为产品质量下限,若政府质量检测发现 $e<e_L$,则会对企业进行惩罚;而当企业的质量努力水平超过 e_H 时,政府会提供适当的奖励;而当质量努力水平介于两者之间时,企业既无奖励也无惩罚。

D:产品销售量。

θ:政府进行质量检测的概率。

m:政府进行质量检验的单位成本。

d:政府检测出产品的质量水平低于规定的要求,对企业所进行的惩罚系数。

M:企业的单位利润 $p-c$。

K_M:企业质量努力成本函数,该函数是关于 e 的递增凸函数,即 $K_M'(e)>0$,$K_M''(e)>0$。

6.2.2 模型描述

企业此时所面临的市场需求与其质量努力水平有关,本节借鉴鲁其辉(2009)所使用的需求函数:

$$D(e)=l+\alpha e \tag{6-1}$$

其中,l 表示整个市场的顾客内在需求,α 表示市场中的需求量受企业质量努力水平影响的程度,并且 $l,\alpha>0$ 为常数。

假设政府的效用函数为 $U(\theta)_G=\ln\dfrac{k_G}{1-\theta}$,并且 $U(\theta)'_G>0$,$U(\theta)''_G<0$,其中 k_G 为政府效用参数,$\theta\in(0,1)$。(冯素芬,2010)

此时,可以得出政府的社会收益为:

$$\prod_G=\begin{cases}\ln\dfrac{k_G}{1-\theta}-\theta Dm+\gamma(e-e_L)+\theta\varphi d, & e<e_L \\[2mm] \ln\dfrac{k_G}{1-\theta}-\theta Dm+\gamma(e-e_L), & e_L\leqslant e\leqslant e_H \\[2mm] \ln\dfrac{k_G}{1-\theta}-\theta Dm+\gamma(e-e_L)-R_G, & e>e_H\end{cases} \tag{6-2}$$

其中,φ 为政府在检测过程中,能够通过检测得到的产品中存在低质量产品的概率。

企业选择质量努力水平后会产生一定的质量努力成本 K_M。与前文类似,企业的质量努力成本为:

$$K_M=\frac{ke^2}{2} \tag{6-3}$$

企业的利润为:

$$\prod_M=\begin{cases}DM-\dfrac{ke^2}{2}-\theta\varphi d, & e<e_L \\[2mm] DM-\dfrac{ke^2}{2}, & e_L\leqslant e\leqslant e_H \\[2mm] DM-\dfrac{ke^2}{2}+R_G, & e>e_H\end{cases} \tag{6-4}$$

在政府与企业的博弈中,决策的时序为政府先确定质量检测的概率 θ,企业根据质量检测的概率决定自己的质量努力水平。

6.2.3 模型求解

根据政府与企业的博弈时序,若不考虑式(6-4)分段的具体情况,根据一阶条件可知:$\tilde{e}^* = \dfrac{\alpha M}{k}$。

由于式(6-4)为分段函数,以下对 e 进行具体讨论:

第一,当 $\tilde{e}^* > e_H$ 时,则 $e^* = \dfrac{\alpha M}{k}$。

第二,当 $e_L < \tilde{e}^* < e_H$ 时,

$$\begin{cases} \prod_M^{\tilde{e}^*} = \left(l + \alpha\dfrac{\alpha M}{k}\right)M - \dfrac{k}{2}\left(\dfrac{\alpha M}{k}\right)^2 \\ \prod_M^{e_H} = (l + \alpha e_H)M - \dfrac{k}{2}e_H^2 + R_G \end{cases}$$

若 $\prod_M^{\tilde{e}^*} > \prod_M^{e_H}$,即

$$\left(l + \alpha\dfrac{\alpha M}{k}\right)M - \dfrac{k}{2}\left(\dfrac{\alpha M}{k}\right)^2 > (l + \alpha e_H)M - \dfrac{k}{2}e_H^2 + R_G。$$

化简可得:

$$\dfrac{k}{2}e_H^2 - \alpha M e_H + \dfrac{\alpha^2 M^2}{2k} - R_G > 0。$$

则 e_H 需满足:

$$e_H > \dfrac{\alpha M + \sqrt{2kR_G}}{k} \text{ 或者 } e_H < \dfrac{\alpha M - \sqrt{2kR_G}}{k}。$$

因此,当 $e_H > \dfrac{\alpha M + \sqrt{2kR_G}}{k}$ 时,亦满足:$e_H > \tilde{e}^*$。

此时,$e^* = \dfrac{\alpha M}{k}$。

反之,当 $\prod_M^{\tilde{e}^*} < \prod_M^{e_H}$ 时,即 $\dfrac{\alpha M}{k} < e_H < \dfrac{\alpha M + \sqrt{2kR_G}}{k}$ 时,$e^* = e_H$。

第三,当 $\tilde{e}^* < e_L$ 时,即 $\dfrac{\alpha M}{k} < e_L$。

① 若 $\prod_M^{\tilde{e}^*} > \prod_M^{e_L}$ 且 $\prod_M^{\tilde{e}^*} > \prod_M^{e_H}$。

先考虑 $\prod_M^{\tilde{e}^*} > \prod_M^{e_L}$。

又 $\prod_M^{e_L} = (l + \alpha e_L)M - \dfrac{k}{2}e_L^2$, $\prod_M^{\tilde{e}^*} = \left(l + \alpha\dfrac{\alpha M}{k}\right)M - \dfrac{k}{2}\left(\dfrac{\alpha M}{k}\right)^2 - \theta\varphi d$；

可得：$\left(l + \alpha\dfrac{\alpha M}{k}\right)M - \dfrac{k}{2}\left(\dfrac{\alpha M}{k}\right)^2 - \theta\varphi d > (l + \alpha e_L)M - \dfrac{k}{2}e_L^2$；

即 $\dfrac{k}{2}e_L^2 - \alpha M e_L + \dfrac{\alpha^2 M^2}{2k} - \theta\varphi d > 0$，解得：

$$e_L > \frac{\alpha M + \sqrt{2k\theta\varphi d}}{k}。$$

再考虑 $\prod_M^{\tilde{e}^*} > \prod_M^{e_H}$，即 $\left(l + \alpha\dfrac{\alpha M}{k}\right)M - \dfrac{k}{2}\left(\dfrac{\alpha M}{k}\right)^2 - \theta\varphi d > (l + \alpha e_H) - \dfrac{k}{2}e_H^2 + R_G$。

化简可得：

$\dfrac{k}{2}e_H^2 - \alpha M e_H + \dfrac{\alpha^2 M^2}{2k} - \theta\varphi d - R_G > 0$，解得：

$$e_H > \frac{\alpha M + \sqrt{2k(\theta\varphi d + R_G)}}{k}。$$

因此，当 $\begin{cases} e_H > \dfrac{\alpha M + \sqrt{2k(\theta\varphi d + R_G)}}{k} \\ e_L > \dfrac{\alpha M + \sqrt{2k\theta\varphi d}}{k} \end{cases}$ 时，$e^* = \dfrac{\alpha M}{k}$。

② 若 $\prod_M^{e_L} > \prod_M^{\tilde{e}^*}$ 且 $\prod_M^{e_L} > \prod_M^{e_H}$。

首先考虑 $\prod_M^{e_L} > \prod_M^{e_H}$，即 $(l + \alpha e_L)M - \dfrac{k}{2}e_L^2 > (l + \alpha e_H)M - \dfrac{k}{2}e_H^2 + R_G$，解得：

$$e_L < \frac{\alpha M + \sqrt{\alpha^2 M^2 - (2kR_G + 2k\alpha M e_H - k^2 e_H^2)}}{k}。$$

再者，$\prod_M^{e_L} > \prod_M^{\tilde{e}^*}$ 意味着 $e_L < \dfrac{\alpha M + \sqrt{2k\theta\varphi d}}{k}$，可得：

$\begin{cases} e_L < \dfrac{\alpha M + \sqrt{2k\theta\varphi d}}{k} \\ e_L < \dfrac{\alpha M + \sqrt{\alpha^2 M^2 - (2kR_G + 2k\alpha M e_H - k^2 e_H^2)}}{k} \end{cases}$，则 $e^* = e_L$。

③ 若 $\prod_M^{e_H} > \prod_M^{e^*}$ 且 $\prod_M^{e_H} > \prod_M^{e_L}$。

首先考虑 $\prod_M^{e_H} > \prod_M^{e^*}$，可得：$e_H < \dfrac{\alpha M + \sqrt{2k\theta\varphi d}}{k}$。

当 $\prod_M^{e_H} > \prod_M^{e_L}$ 时，$e_H < \dfrac{\alpha M + \sqrt{\alpha^2 M^2 - k(2\alpha M e_L - 2R_G - ke_L^2)}}{k}$。

当 $\begin{cases} e_H < \dfrac{\alpha M + \sqrt{2k\theta\varphi d}}{k} \\[2mm] e_H < \dfrac{\alpha M + \sqrt{\alpha^2 M^2 - k(2\alpha M e_L - 2R_G - ke_L^2)}}{k} \end{cases}$ 时，$e^* = e_H$。

最终得出符合条件的 e 为：

$$e^* = \begin{cases} e_H, \dfrac{\alpha M}{k} < e_H < \dfrac{\alpha M + \sqrt{2kR_G}}{k}；或 e_L > \dfrac{\alpha M}{k}, e_H < \dfrac{\alpha M + \sqrt{2k\theta\varphi d}}{k}, \\[2mm] \qquad e_H < \dfrac{\alpha M + \sqrt{\alpha^2 M^2 - k(2\alpha M e_L - 2R_G - ke_L^2)}}{k} \\[4mm] \dfrac{\alpha M}{k}, e_H > \dfrac{\alpha M + \sqrt{2kR_G}}{k}；或 e_L > \dfrac{\alpha M}{k}, e_L > \dfrac{\alpha M + \sqrt{2k\theta\varphi d}}{k}, \\[2mm] \qquad e_H > \dfrac{\alpha M + \sqrt{2k(\theta\varphi d + R_G)}}{k} \\[4mm] e_L, \dfrac{\alpha M}{k} < e_L < \dfrac{\alpha M + \sqrt{\alpha^2 M^2 - (2kR_G + 2k\alpha M e_H - k^2 e_H^2)}}{k}； \\[2mm] \qquad 或 e_L < \dfrac{\alpha M + \sqrt{2k\theta\varphi d}}{k} \end{cases}$$

接下来讨论政府对质量检测概率的决策：

第一，若企业的选择为 $e^* = e_H$，此时 $\prod_G = \ln\dfrac{k_G}{1-\theta} - \theta(l + \alpha e_H)m + r(e_H - e_L)$。

政府将依据社会收益最大化原则进行决策，根据一阶条件求解可得：

$$\dfrac{\partial \prod_G}{\partial \theta} = \dfrac{1}{1-\theta} - (l + \alpha e_H)m = 0, \theta = 1 - \dfrac{1}{(l + \alpha e_H)m}。$$

第二，若企业的选择为 $e^* = e_L$，此时 $\prod_G = \ln\dfrac{k_G}{1-\theta} - \theta(l + \alpha e_L)m + r(e_L - e_L)$。

政府将依据社会收益最大化原则进行决策,根据一阶条件求解可得:

$$\theta = 1 - \frac{1}{(l + \alpha e_{\mathrm{L}})m}。$$

第三,若企业的选择为 $e^* = \frac{\alpha M}{k}$,此时 $\prod_{\mathrm{G}} = \ln \frac{k_{\mathrm{G}}}{1 - \theta} - \theta\left(l + \alpha \frac{\alpha M}{k}\right)m + r\left(\frac{\alpha M}{k} - e_{\mathrm{L}}\right) + \theta\varphi d。$

政府将依据社会收益最大化原则进行决策,根据一阶条件可得:

$$\frac{\partial \prod_{\mathrm{G}}}{\partial \theta} = \frac{1}{1 - \theta} - \left(l + \alpha \frac{\alpha M}{k}\right)m + \varphi d = 0。$$

求解可得:

$$\theta = 1 - \frac{k}{(kl + \alpha^2 M)m - k\varphi d}。$$

6.3　数值分析

假设单位产品利润 $M = 1$,产品质量下限 $e_{\mathrm{L}} = 0.85$,产品质量奖励临界点 $e_{\mathrm{H}} = 0.95$,惩罚系数 $d = 50$,政府能够顺利检测出不合格产品的概率 $\varphi = 0.7$。

第一,考察质量努力成本参数对政府及企业收益的影响。由图 6-1 可知,随着产品的质量努力成本系数 k 的不断增加,政府与企业的收益都呈下降趋势,并且企业的下降趋势要快于政府的。可见,因为企业是质量成本的主要承担者,所以随着质量努力成本参数的提高,其努力水平会下降,进而导致产品需求量下降,最终使得企业的利润下降。政府虽然并非质量努力成本的承担者,但其收益也会受到企业收益下降的影响而减少。企业质量努力成本参数高的原因有很多,其中之一是企业没有掌握现代质量管理(如全面质量管理及六西格玛质量管理)的理念和技术。因此,政府可以鼓励企业引进先进质量管理体系,并通过评奖、专项补贴等形式对企业进行激励。

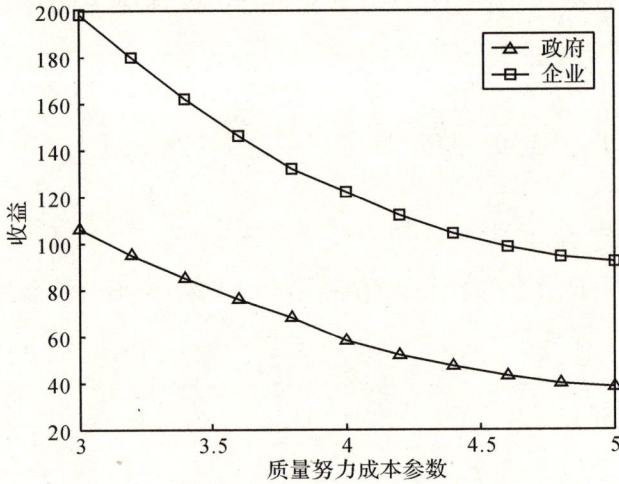

图 6-1　质量努力成本参数对政府及企业收益的影响

　　第二,分析市场需求受质量努力水平的影响程度对收益的影响。由图 6-2 可知,政府和企业的收益都随着 α 的增加而上升。这说明,顾客需求对质量努力水平越敏感,企业就越有动力提升其质量努力,政府则会更加严格地实施质量检测,而顾客感受到产品质量的改善会增加其需求量,进而使得企业和政府的收益均上升。

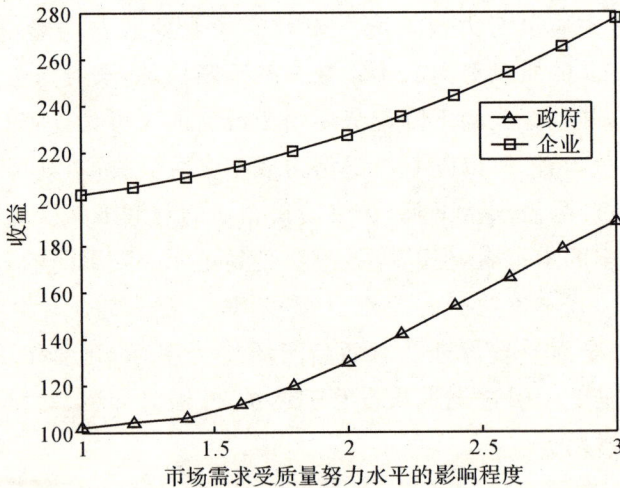

图 6-2　市场需求受质量努力水平的影响程度对收益的影响

6.4 补充讨论

在众多"国家名牌产品"和"质量免检产品"出现质量问题后,为了保证食品质量安全,维护消费者合法权益,2008 年底国务院决定废止 1999 年发布实施的《食品质量免检制度》。该制度的废止不禁让人反思:食品质量免检制度实施失败的原因何在呢? 在产品质量信息不对称和双重边际性作用下短期投机主义冲动显著的供应链中,何种质量检验制度能有效地激励供应者提升产品质量而使下游采购者及最终消费者受益呢? 是否回归到抽样检查制度就能解决供应链产品质量问题呢?

前文讨论了政府部门通过抽样检查来提升供应链产品质量的机制。该机制试图通过设置不确定的抽检比例和抽检对象以约束供应商的质量投机行为。但客观地分析,质量抽样检查制度由于存在以下几个方面的缺陷使其不能从根本上杜绝供应链产品质量事件的发生:一是具有抽检权力和抽检能力的各级政府质检部门、第三方质量认证机构或者供应链中间商并非产品的实际使用者,它们只是受不具备抽检能力的消费者"委托"对供应商产品的质量进行检测,作为多级委托代理关系的中间代理人,这些抽检组织一方面面对烦冗的抽检程序和不菲的抽检费用,另一方面还要抵御假冒伪劣产品的供应商的寻租诱惑,如此委托环境下,抽样检测的"信度"和"效度"很难得以保证。二是由于质量抽样检查机制须由相关质量检验检疫部门完成,我国公共检验检疫系统发展相对滞后,大量个体商户和中小企业不可能完全纳入检测范围中,这为假冒伪劣产品的供应商提供了可乘之机。三是作为传统的质量管理制度,与免检制度相比,抽样检查机制会因产生大量不创造价值增值的产品检验成本而降低供应链整体绩效。四是抽样检查制度拉长了产品生产周期,造成不必要的库存缓冲和工期等待,与现行 JIT 制造和精益生产的准时化、零库存初衷背道而驰。(王洁,2010)

综上所述,可知产品质量抽样检查制度并非杜绝供应链产品质量缺陷的万全之策,那么如何对现有的产品质量免检机制进行适当改进,以使其发挥产品质量监督促进的作用呢? 一种思路是基于"触发策略"的产品质量免检制度。"触发策略"源于多阶段动态博弈理论,其基本思路是在多阶段合作中,双方事先签订契约,如果在合作的第 t 期及之前的任一期对方行为均符合契约约定,则第 t 期参与人也按照契约约定采取行动,一旦在第 t 期对方违背契约,则参与人在第 t 期和以后的任一期均采取措施惩罚违约方,并且惩罚力度之大足以使对方违约所得损失殆尽。将"触发策略"运用到产品质量免检领域,就是由采购商与供应商约定:在长期合作中,供应商提供质量合乎契约要求的产品,如果市场销售反馈没有质量问题,则采购商保证质量免检制度的执行;而一旦合作过程中供应商的产品质量低于约定水平,则采购商取消该供应商的产品质量免检资格,并采取严厉的惩罚。基于"触发策略"的产品质量免检制度成功的关键在于:只要供应商违约提供劣质产品则必定遭受惩罚,且违约惩罚十分严厉甚至远超违约所得,从而迫使供应商始终提供质量合格的产品。该制度就像高悬于存在机会主义心理的劣质产品的供应商头上的"达摩克利斯之剑"。相反,对于始终提供优质产品的供应商来说,该制度又是能使其免受频繁质量检验之苦的庇护伞。

本章对政府与生产企业之间有关产品质量改进的博弈进行了分析,在博弈中政府首先制订产品质量标准,企业再确定其质量努力水平。研究表明,在双方都追求自身利益最大化的情况下,政府有必要采取措施,通过制度设计对企业进行合理的奖惩,才能使企业提升其质量努力,改善产品质量,最终使消费者受益。

第7章　电子商务环境下的供应链质量控制机制

　　随着电子商务的迅猛发展,电子交易已经逐渐成为企业经营不可忽视的重要方面。如果企业只依靠传统市场渠道销售产品,在销售季节结束后,无法很好地处理未售完的产品,会给企业带来不必要的损失。在此背景下,电子市场应运而生,为企业处理未售完产品提供了新的渠道。现在以电子商务为媒介的商品交易平台快速发展,凭借其不受地理区域、时间等限制及方便、快捷等优点,为企业尾货处理提供了新的渠道和方式。在电子市场的环境下,对销售季节结束时传统区域性市场上尚未出售的商品,或者直接在电子市场上出售给其他的区域市场,或者经过一定的加工处理(如重新包装等)后在电子市场上出售给其他的区域市场。电子市场的出现,如 LandS'End. com,Yardsales. com,为供应链研究提供了新的研究素材和研究问题。Tsan et al. (2004)提出了类似于传统市场的模型,即零售商将剩余产品退还给供应商,供应商经过重新加工后再在电子市场上销售。黄小原(2007)和王虹等(2009)则研究了供应商允许零售商直接在电子市场上出售剩余退货,而不必退还给供应商后再由供应商在线销售的情形。本章在前人研究的基础上,引入质量努力契约,建立了电子市场需求受质量努力影响的模型。

7.1 模型描述

　　本节考察由一个供应商和一个零售商组成的供应链,该供应链面对两级市场:一级市场是实体渠道,进行当季商品的首次销售,是商品的主要销售渠道;二级市场是电子市场,负责处理当季末未售出的尾货,是辅助销售渠道。无论供应商还是零售商都有可能通过电子市场销售尾货,因此,我们将分别讨论供应商为领导者和零售商为领导者这两种情形。

供应商主导的情形多见于时尚消费品行业,像 COACH,M. K 等知名品牌都经常借助电子市场清理尾货以回笼资金。零售商主导的情形也很常见。举例来说,中国移动下属的移动终端公司是一家从事手机销售的公司,它以实体店为主要渠道来销售手机,当某款手机销量下降,即将退市时,它就通过网络渠道进行销售。

供应商为领导者的情形如图 7-1 所示。在考虑质量努力的情境下,供应链成员间同时存在两种契约:质量努力契约和回购契约。在销售季节开始的时候,零售商为了提高产品的质量,对供应商提出质量努力契约 (c, T)。零售商从供应商处以每单位 c 的价格购买产品,再对产品进行质量检验,并根据产品的质量给予供应商一次性支付 T。供应商相应提出回购契约,即供应商为了提高产品订货量,对零售商提出回购契约 (c, b),供应商以每单位 c 的价格供应产品,在销售季节末,再以每单位 b 的价格从零售商处回购未销售的产品,然后在二级电子市场上进行销售。

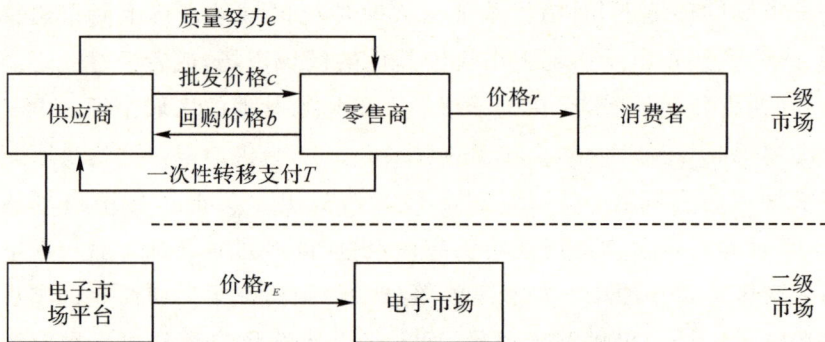

图 7-1 以供应商为主导的二级市场模型

零售商为领导者的情形如图 7-2 所示。与以供应商为主导的情形不同,此时供应链成员间只存在质量努力契约。在销售季节末,零售商直接在二级电子市场上对尾货进行销售。

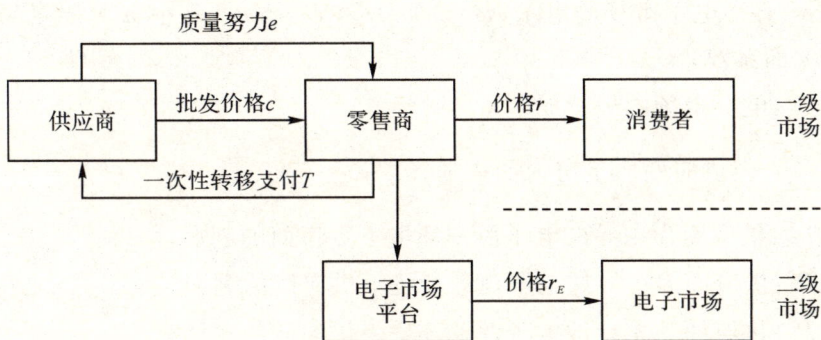

图 7-2　以零售商为主导的二级市场模型

为了方便研究,提出如下假设:

①零售商制订传统市场上的销售价格,因此零售价格 r 是内生变量。

②传统市场需求由随机需求、供应商质量努力水平和零售价格共同决定。

③传统市场和电子市场是两个不同的市场,由于电子市场主要用来销售季末的处理商品,假设它的存在对传统市场的需求不存在明显的影响。

④电子市场的销售价格是外生变量。

⑤电子市场未销售完的产品的残值为 0。

符号说明:

r:零售商在实体市场出售产品的零售价格;

m:供应商的产品生产成本;

c:零售商向供应商采购商品的价格;

m_S^E:在电子市场出售时供应商的再加工成本;

m_R^E:在电子市场出售时零售商的再加工成本;

r_E:电子市场的产品销售价格;

x_E:电子市场的需求量;

q_E^S:供应商主导时的订货量;

q_E^R:零售商主导时的订货量;

L_E:销售季末一级市场没有售出的产品数量;

$f_E(x)$:电子市场随机需求的概率密度函数;

$F_E(x)$:电子市场随机需求的概率分布函数;

$w(x_E)$：电子市场的需求，$w(x_E) = f_E(x_E) + ne$，其中 n 为质量努力水平 e 的系数；

C_E：电子市场的运营成本；

$C_Q(e)$：供应商质量努力的成本，$C_Q(e) = \dfrac{ke^2}{4}$；

P_R^S：供应商为主导的电子商务环境下零售商的利润；

P_S^S：供应商为主导的电子商务环境下供应商的利润；

P_C^S：供应商为主导的电子商务环境下供应链的利润；

P_R^R：零售商为主导的电子商务环境下零售商的利润；

P_S^R：零售商为主导的电子商务环境下供应商的利润；

P_C^R：零售商为主导的电子商务环境下供应链的利润。

7.2 模型求解

7.2.1 供应商为主导的二级电子市场

电子市场的存在为供应商处理销售季末未售完的产品提供了新的渠道。以稻香村月饼为例，在销售季节结束后，北京稻香村食品有限责任公司会从经销商处回购未售完的稻香村月饼，通过自己建立的网站来销售这些月饼。在以供应商为主导的电子市场中，由于电子市场的存在，供应商通常在回购未售出的产品后，对产品进行再加工，然后在二级电子市场上销售。

此时零售商的期望利润是：$E[P_R^S] = (r-c)q_E - (r-b)E[L_E]$。

即 $E[P_R^S] = (r-c)q_E^S - (r-b)\displaystyle\int_0^{q_E^S}(q_E^S - x)f(x)\mathrm{d}x - T$ \qquad (7-1)

供应商的期望利润为：

$$E[P_S^S] = (c-m)q_E^S - (m_E^S + b)L_E + r_E\Big[\int_0^{L_E} x_E w(x_E)\mathrm{d}x_E + \int_{L_E}^{\infty} L_E w(x_E)\mathrm{d}x_E\Big] - C_E + T - C_Q(e)。$$

经变换可得：

$$E[P_S^S] = (c-m)q_E^S - (m_E^S + b)\int_0^{q_E^S}(q_E^S - x)f(x)\mathrm{d}x + n\,r_E e\int_0^{q_E^S}\Big[\int_0^{q_E^S - x} x_E \mathrm{d}x_E$$

$$+ \int_{q_E^s - x}^{\infty} (q_E^S - x) dx_E \Big] f(x) dx + r_E \int_0^{q_E^s} \Big[\int_0^{q_E^s - x} x_E f_E(x_E) dx_E + \int_{q_E^s - x}^{\infty} (q_E^S -$$

$$x) f_E(x_E) dx_E \Big] f(x) dx - C_E + T - C_Q(e) 。 \tag{7-2}$$

供应链的期望利润是：

$$E[P_C^S] = E[P_R^S] + E[P_S^S]$$

$$= (r - m) q_E^S - m_S^E \int_0^{q_E^s} (q_E^S - x) f(x) dx - C_E - C_Q(e) + n$$

$$r_E e \int_0^{q_E^s} \Big[\int_0^{q_E^s - x} x_E dx_E + \int_{q_E^s - x}^{\infty} (q_E^S - x) dx_E \Big] f(x) dx +$$

$$r_E \int_0^{q_E^s} \Big[\int_0^{q_E^s - x} x_E f_E(x_E) dx_E + \int_{q_E^s - x}^{\infty} (q_E^S - x) f_E(x_E) dx_E \Big] f(x) dx$$

$$\tag{7-3}$$

（1）质量努力契约中不承诺价格

供应商确定质量努力水平 e，零售商观察到质量努力水平 e 后，再根据 e 确定价格 r 和 q_E^S，概念模型如图 7-3 所示。

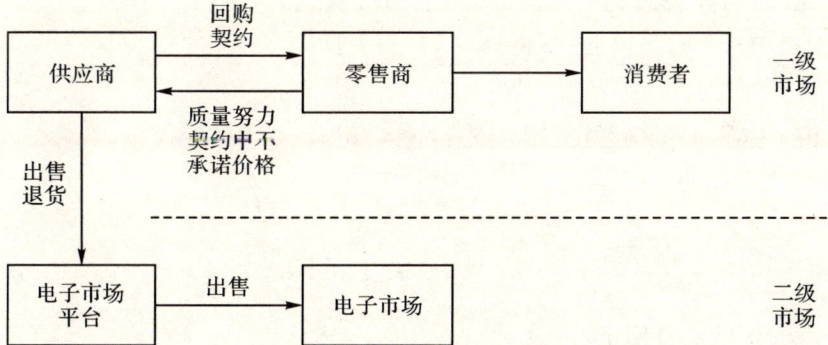

图 7-3 供应商为主导的电子市场

在既定的供应商质量努力水平下，零售商以利润最大化原则为指导确定采购数量和零售价格。由于零售商不参与电子市场，确定 r 和 q_E^S 都是只考虑传统市场的情况。

$$q_E^{S^*} = F^{-1} \left(\frac{r-c}{r-b} \right) \tag{7-4}$$

$$r = \frac{q_E^S + e + g + hc - E[L_w]}{2h} \tag{7-5}$$

供应商也以利润最大化为决策依据,因此将 r 和 q_E^S 代入式(7-2),根据一阶条件可得:$\dfrac{\mathrm{d}E[P_S^S]}{\mathrm{d}e} = \dfrac{c-m}{2} - \dfrac{ke}{2} + M = 0$。

记 $M = n\, r_E \displaystyle\int_0^{q_E^S} \left[\int_0^{q_E^S - x} x_E \mathrm{d}x_E + \int_{q_E^S - x}^{\infty} (q_E^S - x) \mathrm{d}x_E \right] f(x)\mathrm{d}x$,得:

$$e^* = \frac{c - m + M}{k} \tag{7-6}$$

再将 e^* 代入式(7-1)求得 r 和 q_E^S,从而求得供应商和零售商最大期望利润 $E[P_R^S]$ 和 $E[P_S^{S}]$。

(2)质量努力契约中承诺价格

在该情形下,零售商先确定零售价格,供应商再确定其质量努力水平。当供应商利润最大化时,根据一阶条件可知:

$$\frac{\mathrm{d}E[P_S^S]}{\mathrm{d}e} = (c-m) - \frac{ke}{2} + M = 0,\text{则:}$$

$$e^* = \frac{2(c - m + M)}{k} \tag{7-7}$$

此时,当零售商利润最大时,将上面公式代入,得:

$$\frac{\mathrm{d}E[P_R^S]}{\mathrm{d}q_E^S} = \frac{(r-c)q_E^S - (r-b)E[L_w] - T}{\mathrm{d}q_E^S} = 0,$$

$$\frac{\mathrm{d}E[P_R^S]}{\mathrm{d}r} = \frac{(r-c)q_E^S - (r-b)E[L_w] - T}{\mathrm{d}r} = 0。$$

得:

$$q_E^S + \frac{2(r - m + M)}{k} + g - hr + hc - E[L_w] = 0 \tag{7-8}$$

$$r - c - (r - b)F(q_E^S) = 0 \tag{7-9}$$

由上式解得 q_E^S 和 r,从而求得供应商和零售商的最大期望利润 $E[P_S^{S^*}]$ 和 $E[P_R^{S^*}]$。

7.2.2 零售商为主导的二级电子市场

电子市场的存在也为零售商处理季末未售完的产品提供了新的渠道。美国 LANDS'END 服装公司成立于 1963 年,是一家在服装、箱包和日用百货领域领先的老牌零售商,也是世界上 15 家最大的邮购公司之一。当销售季节结束后,该公司会在自己建立的网站上以比较低的价格销售未售完的过季产品。在以零售商为主导的电子市场中,供应商不再回购未售出的产品,而是由零售商经过再加工后在电子市场上出售。

供应商的期望利润为: $E[P_S^R] = (c - m)q_E^S - C_Q(e) + T$。

零售商的期望利润为:

$$E[P_R^R] = (r - c)q_E^S - (r + m_R^E)L_E + r_E\left[\int_0^{L_E} x_E w(x_E)\mathrm{d}x_E + \int_{L_E}^{\infty} L_E w(x_E)\mathrm{d}x_E\right] - C_E - T。$$

上式经变换可得:

$$E[P_R^R] = (r-c)q_E^S - (r + m_{E2})\int_0^{q_E^S}(q_E^1 - x)f(x)\mathrm{d}x +$$

$$nr_E e\int_0^{q_E^S}\left[\int_0^{q_E^S - x} x_E\mathrm{d}x_E + \int_{q_E^s - x}^{\infty}(q_E^S - x)\mathrm{d}x_E\right]f(x)\mathrm{d}x +$$

$$r_E\int_0^{q_E^s}\left[\int_0^{q_E^s - x} x_E f_E(x_E)\mathrm{d}x_E + \int_{q_E^s - x}^{\infty}(q_E^S - x)f_E(x_E)\mathrm{d}x_E\right]f(x)\mathrm{d}x$$

$$-C_E - T \tag{7-10}$$

供应链的期望利润为: $E[P_C^R] = E[P_S^R] + E[P_R^R]$。

即:

$$E[P_C^R] = (r - m)q_E^S - m_R^E\int_0^{q_E^s}(q_E^S - x)f(x)\mathrm{d}x - C_E - C_Q(e) +$$

$$nr_E e\int_0^{q_E^s}\left[\int_0^{q_E^S - x} x_E\mathrm{d}x_E + \int_{q_E^s - x}^{\infty}(q_E^S - x)\mathrm{d}x_E\right]f(x)\mathrm{d}x +$$

$$r_E\int_0^{q_E^s}\left[\int_0^{q_E^s - x} x_E f_E(x_E)\mathrm{d}x_E + \int_{q_E^s - x}^{\infty}(q_E^S - x)f_E(x_E)\mathrm{d}x_E\right]f(x)\mathrm{d}x$$

$$\tag{7-11}$$

(1)质量努力契约中不承诺价格

供应商确定质量努力水平 e,零售商观察到质量努力水平 e 后,再根据 e 确定价格 r 和 q_E^S,概念模型如图 7-4 所示。

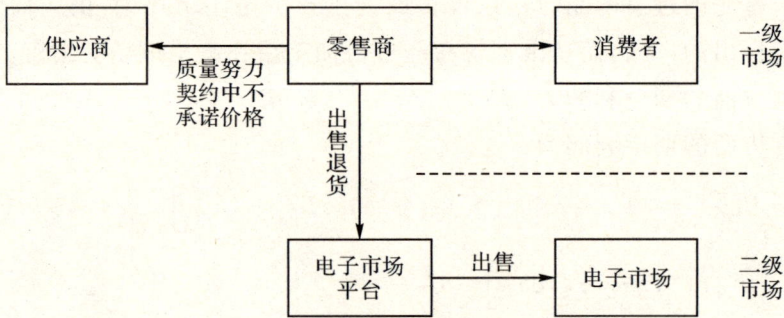

图 7-4　零售商为主导的电子市场

假设电子市场并不影响传统市场价格 r，因此价格 r 仍和只有单一的传统市场时的一样。

$$r = \frac{q_E^S + e + g + hc - E[L_w]}{2h} \tag{7-12}$$

对于随机订货量 q_E^S，可以由 $\dfrac{\mathrm{d}E[P_R^R]}{\mathrm{d}q_E^S} = 0$ 解得。

对供应商而言，由于不参与电子市场，价格 r 没有发生变化，质量努力水平也不会发生变化，和只有单一传统市场时的决策结果一样。当供应商利润最大化时得：

$$e^* = \frac{c - m}{k} \tag{7-13}$$

根据 e^*，r 和 q_E^S 可分别求得供应商和零售商的最大期望利润 $E[P_R^{R^*}]$ 和 $E[P_S^{R^*}]$。

（2）质量努力契约中承诺价格

零售商要根据供应商的质量努力水平 e 来进行零售价格决策。供应商以利润最大化原则来进行决策，根据一阶条件可知：

$$\frac{\mathrm{d}E[P_S^R]}{\mathrm{d}e} = \frac{(c - m)q + T - C_Q(e)}{\mathrm{d}e} = 0.$$

解得：

$$e^* = \frac{2(c - m)}{k} \tag{7-14}$$

零售商也以利润最大化原则进行决策，将式（7-14）代入式（7-10），根据一阶条件可得：

$$\frac{dE[P_R^R]}{dr} = q_E^S + \frac{2(r-m)}{k} + g - hr + hc - E[L_w] \tag{7-15}$$

$$\frac{dE[P_R^R]}{dq_E^S} = 0 \tag{7-16}$$

由式(7-15)和式(7-16)解得 q_E^S 和 r,从而求得供应商和零售商的最大期望利润 $E[P_R^{R^*}]$ 和 $E[P_S^{R^*}]$。

7.3 数值分析

数值分析主要考察当零售价格 r 为内生变量时,供应链质量努力契约 (c, T) 及需求参数的变动对均衡的影响。记传统市场需求的随机部分为 $[0,50]$,生产成本 $m=20$,供应价格 $c=30$,残值 $v=1$,回购价格 $b=4$,固定需求 $g=0$,价格系数 $h=0.2$,质量努力系数 $k=8$,电子市场的需求为 $[0,30]$,$m_S^E=10$,$m_R^E=10$,$r_E=20$,$n=1$,$C_E=30$。

7.3.1 供应商为主导的二级电子市场

(1)质量努力契约中不承诺价格

在该情境下,供应商首先确定质量努力水平 e,零售商观察到质量努力水平 e 后,再确定价格 r,零售价格与利润之间的关系如图 7-5 所示。

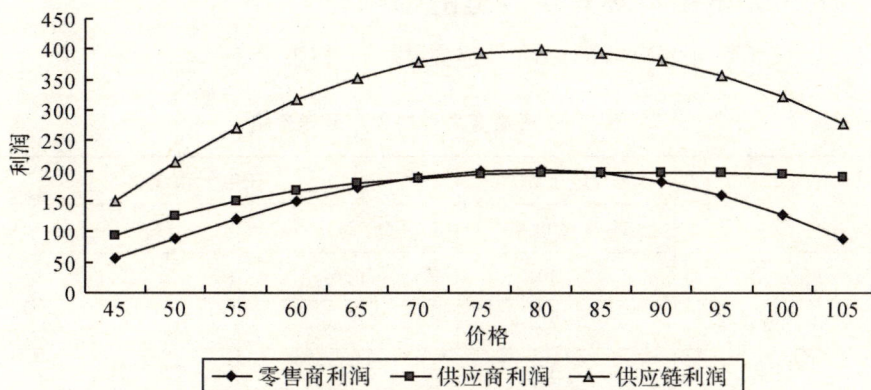

图 7-5 供应链利润①

由图 7-6 可知,电子市场的存在会使供应商提升质量努力,零售商也会相应地根据供应商质量努力的提升而制订更高的产品销售价格,最终供应商的利润和零售商的利润都得到了提高。

（2）质量努力契约中承诺价格

在该情境下，零售商先确定零售价格，供应商再根据零售价格决定其质量努力水平，零售价格与利润之间的关系如图7-6所示。

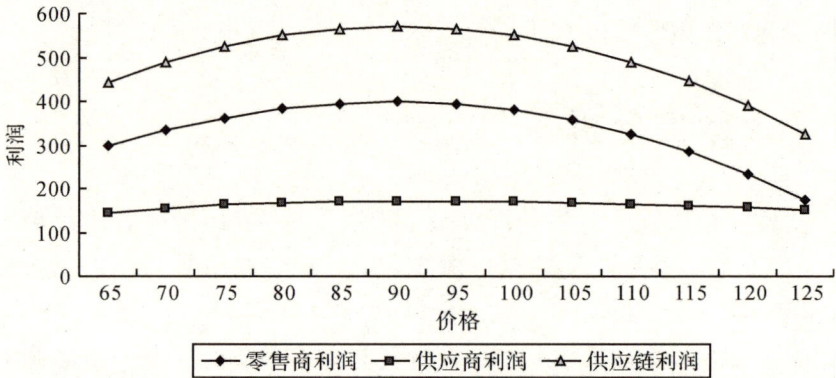

图 7-6　供应链利润②

由于电子市场的存在，当零售商先决定零售价格时，会把价格制订得比较高，使得供应商也会提高质量努力水平，最终供应商的利润和零售商的利润都得到了提高。

7.3.2 电子市场对供应链的影响

电子市场对供应链的影响具体见表7-1和表7-2。

表 7-1　质量努力契约中不承诺价格

	没有电子市场	存在电子市场	
	不承诺价格	供应商主导	零售商主导
价　格	71.30	79.00	71.30
质量努力水平	1.25	3.60	1.25
订货量	17.67	20.47	17.67
供应商利润	145.37	196.11	183.61
零售商利润	96.30	202.53	100.57
供应链利润	241.67	398.64	284.18

表 7-2 质量努力契约中承诺价格

	没有电子市场	存在电子市场	
	不承诺价格	供应商主导	零售商主导
价 格	75.48	89.80	75.48
质 量 努 力	2.50	7.20	2.50
订 货 量	19.22	20.09	19.22
供应商利润	140.31	171.92	179.67
零售商利润	150.56	398.52	161.93
供应链利润	290.87	570.44	341.60

由表 7-1 和表 7-2 可知,电子市场的存在使得供应商和零售商的利润都得到了提高。

在以供应商为主导的电子商务情境下,由于供应商能在电子市场上出售退货,供应商会提高质量努力水平来增加电子市场的需求,从而提高自身的利润。相应地,由于质量努力水平提高了,传统市场下的需求也获得增加,零售商的利润也得到了提高。

在以零售商为主导的电子商务情境下,由于供应商不参与电子市场的销售,供应商确定其质量努力水平时只考虑传统市场下的影响因素;而由于在销售季节结束后,供应商不用回购未售完的产品,其利润有所提高。对零售商而言,由于未售完的产品能在电子市场上出售,零售商的利润也是增加的。

7.3.3 承诺价格对供应链的影响

在电子市场环境下,质量努力契约中是否承诺价格对供应链的影响的数值仿真结果见表 7-3。

表 7-3 承诺价格对供应链的影响

	供应商为主导的电子市场		零售商为主导的电子市场	
	承诺价格	不承诺价格	承诺价格	不承诺价格
价 格	89.80	79.00	75.48	71.30
质 量 努 力	7.20	3.60	2.50	1.25

	供应商为主导的电子市场		零售商为主导的电子市场	
	承诺价格	不承诺价格	承诺价格	不承诺价格
订货量	20.09	20.47	19.22	17.67
供应商利润	171.92	196.11	179.67	183.61
零售商利润	398.52	202.53	161.93	100.57
供应链利润	570.44	398.64	341.60	284.18

由表 7-3 可以得知，当质量努力契约中承诺价格时，零售商的利润得到了提高；当质量努力契约中不承诺价格时，供应商的利润得到了提高。这是因为，在传统供应链中，领导者能够优先决策。当零售商能先承诺价格时，表明零售商能获得额外利润，零售商在供应链中是领导者；当供应商能先承诺质量努力水平时，表明供应商能获得额外利润，供应商在供应链中是领导者。额外增加的价值就是优先决策权的价值，也就是主导权的价值。

需要注意的是，当电子市场的需求很小时，在电子市场上销售未售完的产品就有可能使供应链的利润受到损失，因为进行电子市场的运作时需要运营成本，当这个成本高于电子市场所带来的期望收益时，参与电子市场就变得毫无意义。因此，在运用电子市场时，需要电子市场领导者首先考虑电子市场对本产品需求量影响的大小。

7.4　结　论

本章讨论了二级电子市场的存在对供应链质量管理的影响。电子商务情境下的领导者拥有电子交易平台，能够在销售季节结束后在二级电子市场上出售未售完的产品。同时，考虑了供应链在二级电子市场领导者不同的情况下，质量努力契约中价格是否承诺对供应链成员决策均衡解的影响。

当以供应商为主导的二级电子市场存在时，供应商的质量努力水平会比只有单一传统市场情况下的质量努力水平要高，因为供应商能通过提高质量努力水平来增加电子市场的需求量，从而增加供应商的利润。

同时,零售商在传统市场上的销售价格和销售量受到质量努力水平的影响也有所提高,因此零售商的利润也增加了。

当以零售商为主导的二级电子市场存在时,供应商的质量努力水平没有发生变化,但是由于零售商订货量提高了,供应商的利润增加了。对于零售商而言,因为能在电子市场上销售未售完的产品,零售商的利润也是增加的。

需要注意的是,当二级电子市场的需求量很小时,在二级电子市场上销售未售完的产品有可能使供应链的利润受到损失。因此,在运用二级电子市场时,需要二级电子市场领导者首先考虑二级电子市场对本产品需求量影响的大小。

第8章 供应链质量管理案例研究

前文通过建模的方式深入剖析了不同环境下的供应链质量管理行为，侧重于特定假设条件下企业供应链质量管理决策的研究。这种研究方法能够对企业的具体商业决策进行细致分析，但往往无法看清企业供应链质量管理的全貌。案例研究能够将更多的因素和情境信息纳入研究框架中，分析企业供应链质量管理行为的整体逻辑，可以弥补前文研究的缺憾。因此，本章将选取三鹿集团、丰田和京东电商等典型的供应链质量管理案例进行研究，以期从整体上对企业的供应链质量管理行为进行更好地把握。

8.1 基于供应链视角的"三鹿事件"分析

8.1.1 "三鹿事件"始末

2009年9月8日《兰州晨报》刊出一则标题为《14名周岁婴儿患肾结石疑某品牌奶粉是祸首》的报道，揭开了"三鹿事件"的一角。随后，大门户网站呈几何级数增长的跟帖与疯狂转载引发了热议，网友开始强烈要求公布究竟是何品牌奶粉，但各媒体都坚持在报道中使用"某品牌"。三天后，事件出现突破性的升级，《东方早报》率先将矛头指向三鹿奶粉，而三鹿集团对外的统一口径是："我们可以肯定地说，我们所有的产品都是没有问题的。"同日晚间，中国卫生部发布消息：高度怀疑石家庄三鹿集团股份有限公司生产的三鹿牌婴幼儿配方奶粉受到三聚氰胺污染，要求家长不要购买三鹿婴幼儿奶粉。随后，三鹿集团发布产品召回声明，称经公司自检发现，2008年8月6日前出厂的部分批次三鹿婴幼儿奶粉受到三聚氰胺的污染，市场上大约有700吨。需要指出的是，早在2009年6月初,江苏便有媒体报道称,短短两个月间,南京一医院收治此类患儿就达15人之多。换而言之,从6月首现公开病例,到9月事态不断发展,漫长的三个月时间里,食品安全监管机制几近失灵,三鹿问题奶粉继续热销,无辜的婴儿继续受到残害。(胡涵,2009)

事实上,早在2007年12月,三鹿集团就开始陆续接到消费者投诉,反映使用三鹿婴幼儿系列奶粉后,婴幼儿尿液中出现红色沉淀物等现象。但是,三鹿集团在很长的时间内并没有采取有效措施以排除原奶致害的风险。直到2008年5月17日,三鹿集团客户服务部向董事长田文华、副总经理王玉良等集团高层书面通报此类投诉,田文华才组织成立了"问题奶粉"处理小组、技术攻关小组、奶源管理小组及市场信息处理小组等。技术攻关小组经过排查,确认集团所生产的婴幼儿系列奶粉中的"非乳蛋白态氮"含量是国内外同类产品的1.5至6倍。但是,三鹿集团并没有停止问题奶粉的生产和销售。这意味着,在明知自己的产品可能有问题的情况下,三鹿集团依然没有采取相应措施防止和控制危害,而是仍使新生产的问题奶粉源源不断地流入社会,导致受害面扩大,受害程度加深。

2008年7月24日,三鹿集团将16批次婴幼儿系列奶粉送往河北省出入境检验检疫局检测,并于8月1日下午拿到检测报告,显示有15批次样品三聚氰胺超标。之后,田文华等高层紧急开会,决定暂时封存仓库产品,停止产品出库,并且以投放广告的形式封锁媒体。耐人寻味的是,三鹿集团将奶粉受三聚氰胺污染的情况报告了石家庄市政府后,石家庄市政府在第二天就来到三鹿集团进行调查,并决定不公开召回产品,而是以换货的方式从经销商手中替换受污染的产品,事后石家庄市政府也没有按规定将真实情况上报。也就是说,三鹿集团依然没有停止生产及销售含有三聚氰胺的产品。

与此同时,三鹿集团还聘请公关公司制订公关方案,主要包括三点:一是与百度合作,使不利于三鹿集团的负面消息不在百度上出现;二是对于个别投诉的消费者,与他们换货并使他们在一两年内不要发出"声音";三是收集其他企业的信息,准备将来一旦事件扩大,把矛头转向全行业,而非三鹿一家。上述做法确实使"三鹿事件"被暂时压了下来,但三鹿集团依然没有针对含三聚氰胺的原奶和产品想出妥善的处理办法。2008年8月3日,三鹿集团副总经理杭志奇经田文华同意,指示原奶事业部经理吴聚生将被检测出含有三聚氰胺而被三鹿加工三厂拒收的 29.8 吨原奶转到三鹿其他加工厂,以保证奶源。这些问题原奶最终生产出含有三聚氰胺的液态奶 269 吨并且销售完毕,销售金额达 181 万余元。另外,2008 年 8 月 13 日,三鹿集团决定用三聚氰胺含量不高于 15 毫克/千克的奶粉换回市场上尚未销售的三聚氰胺含量高的奶粉,同时,集团内部宣布对经检测三聚氰胺含量在 10 毫克/千克以下的产品准予检测部门出具放行通知单,并出厂销售。

这说明三鹿集团在明知自己的产品含有三聚氰胺的情况下仍然进行一定形式的生产、销售。虽然三鹿集团采取了一定的措施,如换回市场上的产品,但是,这种换货并不彻底,只是针对区域代理商和商场,而已经购买问题奶粉的广大消费者并不知情,继续使用问题奶粉,这必然导致危害的程度加深。此外,三鹿集团用三聚氰胺含量低的产品换回三聚氰胺含量高的产品,虽然换出的奶粉三聚氰胺含量低一些,但它仍然对人体存在危害。三鹿集团之所以做出这样的决策,与市场的销售情况不无关系。当时临近中秋节和国庆节,市场上对奶制品的需求非常旺盛,即使满负荷生产,三鹿集团也无法用不含三聚氰胺的奶制品换回已销售出去的含三聚氰胺的奶制品。(马彦,2010)

就在三鹿集团认为媒体领域的不利局面已经得到控制之时,三鹿集团的外国合作伙伴恒天然通过其所在国政府,即新西兰政府,告知质检总局关于三鹿奶粉受污染的事情,从而使得"三鹿事件"最终大白于天下。"三鹿事件"随即被国家定为重大食品安全事件,启动了一级(最高级)应急预案,中央成立了领导小组,国务院主导了对"三鹿事件"的调查,以及对患儿的治疗及赔偿方案的制订。各政府部门在其职权范围内采取了有力的措施:质检总局在全国范围内派了 5 000 名工作人员 24 小时驻厂检验;工商总局下令各地方工商局要及时下架并封存已经被国家检验出来的受污染的产品;卫生部则主要集中在对患儿的筛选及救治方面;农业部研究解决奶农被迫倒奶及奶牛养殖业的发展问题。但需要特别指出的是,在"三鹿事件"的处理过程中,虽然中央领导小组对相关政府部门的行为进行了协调,但是各个部门依然独立下命令,缺少配合与协作。

事后的调查表明,该事件直接造成 29.4 万婴幼儿出现泌尿系统异常,住院 52 019 人,重症 154 人,并有 6 例患儿死亡,对我国社会稳定及食品安全声誉造成了恶劣影响。(陶跃华,张晓峰,2010)经核查,事件起因是张玉军等不法分子在收购原奶时非法添加三聚氰胺,而企业在原料进厂和产品出厂时没有进行有效的针对性检测,直接导致含有超国家规定水平浓度的三聚氰胺奶制品流入市场。收奶员在原奶中加入三聚氰胺的原因是:现在国际通用的检测食品中蛋白质含量的方法为凯氏定氮法,即通过测定氮原子的含量来间接推算食品中蛋白质的含量。加入三聚氰胺可以提升食品检测中的蛋白质含量,从而达到用更低的成本通过食品检验机构检验的效果。

最终,法院宣判三鹿集团及其直接负责的4位主管人员田文华、王玉良、杭志奇和吴聚生构成生产、销售伪劣产品罪,分别被判处无期徒刑和5—15年有期徒刑;向原奶中添加含有三聚氰胺"蛋白粉"的奶站负责人耿金平及其送奶司机耿金珠等构成生产、销售有毒食品罪,分别被判处死刑和8年有期徒刑;生产、销售"蛋白粉"的张玉军、张彦章、高俊杰及张彦军等人构成以危险方法危害公共安全罪,分别被判处死刑、无期徒刑和5—15年有期徒刑。(卢有学,2009)

表面上看,此次事件是三鹿集团对奶源质量监管不到位,对奶站管理混乱,使得不法分子有机可乘所导致的。但细究之下却会发现,三鹿集团曾经是全国乳制品行业的龙头,拥有国家级免检产品资质,获得过数不清的荣誉,早已构建了较为完善的质量管理体系,也很注重与奶农之间的合作,拥有较高的管理水平。早在1986年,三鹿集团就率先实施"奶牛下乡、牛奶进城"的城乡联合养殖模式,并总结出了一系列行之有效的奶站管理办法,将奶站的日常管理导入ISO9001质量管理体系,使奶站在可控体系下规范运行,其原奶很大一部分来自于与其存在利益联结机制的奶源基地。三鹿集团与奶农之间有着密切的合作关系。三鹿集团通过保证奶农利益,及时发放奶款,为奶农提供培训、援助和服务等举措,赢得了奶农的信任。部分奶农不断增加专用性资产投资,以与三鹿集团合作为荣。此外,三鹿集团还打造了"诚实的乳牛会说话"的诚信文化。董事长田文华也曾用"奶农是三鹿的根,根深才能叶茂"来形容三鹿集团与奶农的紧密关系。可是,三鹿集团看似坚不可摧的质量控制堤坝为何崩塌了呢?这其中一定存在着更深层次的原因。

更让人触目惊心的是,根据不断曝光的新闻,三聚氰胺的添加并不只限于三鹿集团一家企业,而是整个奶粉行业公开的秘密。"三鹿事件"发生后,中央政府对有问题的企业展开了全面的调查,取消问题企业的免检资格,对所有婴幼儿乳制品企业采取驻厂监督,并对所有乳制品进行以三聚氰胺为主的大检查。2009年最后一天,上海熊猫乳品销售三聚氰胺超标乳制品的消息被公布。2009年12月,陕西金桥乳业曝出类似问题。与上次不同,这次三聚氰胺的来源乃是2008年"三鹿事件"后被召回的问题奶粉。被召回的问题奶粉并未销毁,而是被企业存起来,如今再次利用。也就是说,我国食品安全问题陷入了一个怪圈,每次食品安全事故爆发后,都会掀起一场声势浩大的针对食品安全事故的整顿工作。然而,整顿过后又会发生新的食品安全事故,这种周而复始的整顿—爆发—整顿,使得公众对食品安全失去了信心,甚至对政府的执政能力产生怀疑。因此,笔者认为有必要对"三鹿事件"产生的根源进行深入剖析,找出治理乳制品乃至食品供应链质量问题的长效机制。

8.1.2 乳制品行业的供应链特征分析

乳制品的供应链主要由奶农、专营牧场、奶站、牛奶加工企业、销售渠道及消费者构成,政府对乳制品供应链的各环节有监管的权力,如图8-1所示。牛奶加工企业是乳制品供应链的核心企业,其行为对供应链的绩效及收益的分配起着决定性的作用,对供应链其他成员的决策有重要的影响作用。同时,供应链其他成员的行为也会反作用于牛奶加工企业。接下来笔者将按照乳制品生产的自然流程对其供应链特征进行系统分析。

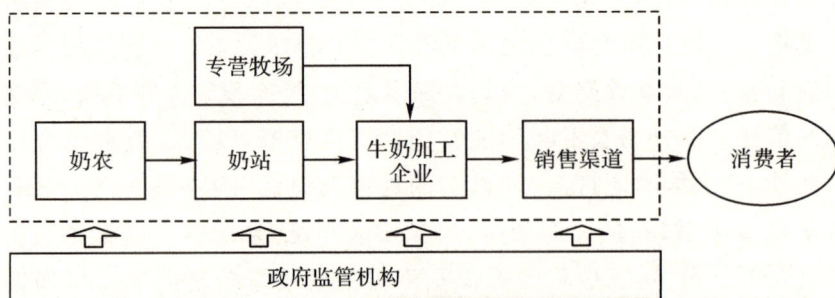

图 8-1 乳制品供应链

（1）供应链产能扩张具有瓶颈

从表面上看，乳制品行业也是制造业的范畴，但其使用的原材料与一般的制造业存在巨大差异。只要有足够的资金，大多数制造型企业所需原材料（如铁矿石、石油等）的供应基本没有瓶颈。但是，乳制品供应链的原材料是原奶，属于农产品，其生产遵循的是动植物生长的自然规律，所谓"看天吃饭"，因此天然具有供给上的瓶颈。也就是说，当市场需求快速增长时，原材料供给端往往不能相应地增加原材料的产出量。

改革开放之后，我国经济发展迅速，国民普遍有改善生活水平的需求，尤其是 20 世纪 90 年代后期，乳制品行业开始进入爆发式增长的状态。液态乳及乳制品制造业的产品销售收入由 1999 年的 148.7 亿元迅速增长至 2007 年的 1 178.6 亿元，8 年间几乎增长了 7 倍。对于乳制品企业来说，如果抢占不到一定的市场份额就不能产生规模效益。但由于乳制品原材料的特点，乳制品企业根本没有时间和能力建设严格规范管理的自营牧场，但如果仅仅依靠自营牧场，其产能便会存在严重瓶颈。因此，我国乳制品企业为了抢占市场份额，普遍采取先建工厂抢占市场，再考虑建立自己的奶源基地的策略，这是中国乳制品企业无法很好地掌控原材料质量的重要原因。

（2）原材料供应模式不利于控制原奶质量

为了突破产能瓶颈，并且节约养殖成本，乳制品企业大部分的原奶只能依靠散户奶农供应。通常，奶站与乳制品企业签订合同，先从奶农手里收购牛奶，然后批量送到企业检验，这就形成了公司＋奶站＋奶农的模式。在这种模式下，乳制品企业、奶站和奶农都是相互独立的主体，成本与利益也是相互独立的。由于奶农的水平参差不齐且数量众多，乳制品企业难以对其进行有效管理，原奶质量的一致性很难保证。与之形成鲜明对比的是，发达国家成熟的乳制品产业模式主要的特征是乳制品企业普遍拥有与生产规模相适应的奶源基地。

由于原奶质量水平不一，我国乳制品企业不得不进行分等级收奶，质量高的奶出高价收购，质量低的奶出低价收购，不合格的奶按照正常程序要当场倒掉。但是，根据一份调查显示，只有 10% 的奶是当场倒掉的，90% 的奶都退回奶站自行处理。在缺乏监管的环境中，奶站在利益最大化的驱动下，就会向原奶中添加三聚氰胺，从而骗过检验设备。这种做法在乳制品行业绝对不是个别现象,国家质检总局在"三鹿事件"之后的检查中发现 22 家企业的液态奶中都有三聚氰胺。

从供应链权力结构的角度来看,分散的奶农和龙头企业在市场上处于不对等的地位。一方面,小农经济的生产方式难以适应大市场的风险与竞争,分散的奶农的经营方式适应不了市场和农业大生产的要求,缺少防范市场风险的能力,使其在谈判中缺乏讨价还价的能力和地位,从而在竞争中处于劣势;另一方面,对龙头企业而言,由于奶农的分散化,它直接与千千万万分散的奶农打交道,交易费用十分昂贵,也不利于指导农业生产、推广农业科学技术,加强对生产环节的监管。作为理性的经济人,无论是分散的奶农还是龙头企业,都存在违约行为或违约倾向。"三鹿事件"的原因之一就是分散的奶农为了追求自身利益最大化而导致的违约行为。所以,处理好奶农与企业的关系对于保障乳制品质量安全显得尤为重要。如果乳制品的源头质量有问题,那么要保证加工乳制品的质量安全无异于舍本逐末。(夏永祥,彭巨水,2009)

(3)市场竞争异常激烈

由于乳制品市场规模增长迅速,吸引了大量资本及企业的进入。经过多年的发展,我国规模以上乳制品企业的数量从 1999 年的 378 家增加到 2007 年的 728 家,乳品企业数以年均 74.71% 的速度增长。像伊利、蒙牛、三鹿这样的大型企业逐渐增多,市场集中度不断上升。根据 AC 尼尔森的调查数据显示,2007 年底蒙牛、伊利、光明三大液体奶制造商的市场占有率合计达 68.80%。但是,企业间产品的同构性很强,不同品牌间的品质差异不明显,而乳制品属于非耐用日常消费品,其需求价格弹性系数大,这就使得乳制品行业的市场竞争十分激烈,乳制品企业之间互相展开了激烈的价格战。

在这种情况下,乳制品企业和奶农都是有限理性的契约经济人,在信息不对称、契约不完全、惩罚机制不完善(违约成本为零或者极低)的情况下,很容易产生机会主义倾向,它们总是试图在各种契约约束下寻求自身经济利益或者效用的最大化。乳制品企业会将价格竞争的压力向上游转嫁;奶农在供应链中处于弱势地位,缺乏讨价还价的能力,而饲料成本又不断上涨,最终导致正常养牛没有利润空间。按照"三鹿事件"发生时的情况来看,一头奶牛一天至少得吃 40 元钱的饲料,一天才能挤 30 千克的奶,而一千克奶也就卖 4 元多。如果再加上奶牛防治疾病、人工费等开支,奶农基本已无利润。因此,作为理性人的奶农为了自身利益最大化,只有两种选择:一是杀牛;二是掺假。奶农向原奶中添加了太多水分,稀释了牛奶原有的营养成分,为了检验合格,不法收奶站才会在原奶中添加三聚氰胺。在原奶供不应求的情况下,企业不得不默许这种行为,因为企业也知道不掺假的牛奶可能已经无法维持奶农的经营成本,而企业如果依然按照原来的标准收购牛奶会导致奶农"用脚投票"。综上所述,奶农这种行为的动机与其说是为了谋求超额利润,不如说奶农的利润已被挤压得不得不采取这样的办法。

(4)供应链质量信息的不对称性

家电、日用小商品等产品的质量信息比较容易通过观察和使用获得,但乳制品的产品质量信息具有较强的隐蔽性,乳制品企业与消费者之间存在着严重的质量信息不对称问题。由于信息不对称,乳制品质量信息存在不可观测性或不可鉴别性。(Hart & Moore,1999;杨瑞龙,聂辉华,2006)

"三鹿事件"中涉及的三聚氰胺本身的毒性非常轻微,被广泛运用于人们的日常生活中。将三聚氰胺加入奶粉后,单纯从奶粉外观、颜色及味道等方面无法观测到异常。三聚氰胺致病的机理是与人体内的钙元素结合而形成结石存留于肾中,由此导致婴幼儿出现肾结石,进一步出现肾积水、肾功能衰竭等症状以致死亡。

三聚氰胺并不像砒霜、苏丹红那样直接毒害人体组织和破坏生理机能,它经过一个缓慢的过程形成肾结石后危害婴幼儿,受害婴幼儿既没有出现食物中毒的典型症状,也不具备食物中毒潜伏期短、发病迅速等特征。也就是说,乳制品具有经验品和信任品的特性(Darby & Karni,1973;蒋士成,费方域,2008;杜创,蔡洪滨,2010),需经过一段时间才能确定其质量,甚至很长时间也难以确定质量。因此,在相当长的一段时间内,婴幼儿家长无法获知是什么原因致病,如果仅仅是个案,很难鉴别出三聚氰胺是罪魁祸首。

消费者无法立即判断食品质量,因而也无法通过拒绝购买、差评宣传等方式对制造商进行即时惩罚。同时,在食用后即使出现问题也难以有效证明是由某种特定食品导致的,在索赔申诉等中便难以成为证据。因此,质量承诺、广告品牌宣传、免检产品、行业标准等信号发送和信息甄别制度均难以促成食品市场中分离均衡的达成,进而存在不同程度的失灵现象。

(5)消费者的维权意识薄弱、维权难度大

如果消费者在出现食品安全问题时能够积极维护自身的权益,就能对食品生产者、销售者产生很强的约束力,对政府的食品安全监管工作产生积极的促进作用。但是,我国消费者对于食品质量问题的维权意识不足,当受到利益诱惑时很容易放弃维权行为。2008 年 5 月 21 日凌晨 2 点,一位叫"78900880088"的网友在天涯社区和维权万里行等网站发表题为"这样的奶粉能用来救灾"的帖子,质疑三鹿产品的质量。这名网友很快接到自称三鹿集团浙江总代理打来的电话,劝其接受价值 2 476.8 元的产品,条件是删除之前发在各网站上涉及三鹿产品质量的帖子。这名网友接受了这一条件,并于 5 月 31 日上午,向版主要求删除此前发表的关于三鹿集团的帖子。

此外,我国消费者维权难度大、成本高,且即使维权成功所获赔偿也十分有限,这也是制约我国消费者维权的主要因素之一。消费者要维护自己的权利首先需要做的就是搜寻与食品质量有关的信息,要获得这些信息就要付出一定的成本,包括人力、物力、财力等。当消费者获取信息花费的成本大于预期可获得的赔偿时,大多数消费者就会选择放弃维权。"三鹿事件"初期,有个消费者想把购买的产品送检,得知全检需要由个人承担上万元的检测费时,这名消费者选择丢弃可能有问题的产品,并放弃维权。

(6)政府监管力度不足

我国政府的食品安全监管模式存在盲点,各部门缺乏协作及配合。依据《中华人民共和国食品安全法》等相关法律法规的规定,现在由农业部、卫生部、国家食品药品管理局、商务部、国家工商行政管理局等部门在各自的监管范围内负责食品安全的监管工作,采取分段监管为主、品种监管为辅的方式。这种分段监管为主管理模式无法避免管理越位和缺位的问题,有利可图的工作各部门一拥而上,无利可图的工作无人问津。这一点在"三鹿事件"中也有充分的体现。供应含有三聚氰胺原奶的奶站就处于政府管制的真空地带,没有明确的监管部门,也没有明确的监管办法。

奶站这一企业派生出来的产物,谁都可以管,谁都可以不管。从理论上讲,挤出的生鲜牛奶既是畜牧业的产品,又是食品加工企业的原料,农业畜牧部门和质检部门都有权进行监管。开办收奶站需要工商执照,也需要卫生许可证,因此工商部门和卫生部门也有监管权。但是,由于责任界定不清,各部门都未对奶站施行管制。农业部部长在2008年9月22日公开表示:"目前,国家对奶站既没有专门的监管办法,也没有明确的监管部门,原料奶中间收购环节基本处于失控状态。"

我国政府已经在与食品安全有关的法律法规方面做了许多探索和实践,但依然存在不少问题。首先,我国目前涉及食品安全的一系列法制化规范疏漏不全,对消费者的保护弱于对生产者的保护。近年来,为国际社会广泛采用的一些重要的制度,如食品企业食品安全责任保障制度、食品安全风险评估制度、食品安全事故赔偿制度等重要内容尚未纳入我国法律的调整范围,食品安全法律体系还存在一定的空白。以《中华人民共和国食品安全法草案》为例,仅针对"三鹿事件"就有八处修改意见。其次,我国立法技术相对落后,一些法律规定比较原则和简单,操作性不强,这给执法带来了很大的困难。以新的《中华人民共和国食品安全法》为例,该法案对食品安全监管中的重大问题都做了原则性规定,但是规定笼统、操作性弱,还需要一系列的实施细则予以细化和规范。最后,我国在食品安全方面的立法虽然很多,近年来立法速度也大大加快,但这些法律法规立法主体不一,且多是部门立法,各自的权力大小和职责不同,单个法律法规的效力和调整范围也就不同,缺乏系统性、协调性和统一性。

地方政府往往因业绩考核而放松监管。我国目前以经济建设为中心,因此对地方政府的绩效考核也是以经济指标为基础的,这使得地方政府出于促进地方经济增长、增加地方就业和纳税的目的,往往会放松监管标准。在"三鹿事件"中,石家庄市政府在得知三鹿集团奶粉受三聚氰胺污染后依然决定不公开召回奶粉的行为充分体现了这一点。此外,较高的行政成本和权力寻租的存在,增加了政府监管实施的难度,效果也更加不稳定。(吴元元,2012)

8.1.3 "三鹿事件"探源:供应链视角

"三鹿事件"的发生并非是单一或少数因素所导致的,而是多种因素共同作用的结果,各因素之间又存在着较为复杂的关系,其产生的逻辑如图 8-2 所示。改革开放后,我国乳制品行业发展迅速,如前所述,乳制品企业为了抓住机遇,获得较高的市场份额,普遍采取了先建工厂,再考虑奶源基地的策略,奶源的供应大多采用"奶农+奶站+公司"的模式,难以保证原奶质量的一致性,这为"三鹿事件"的发生提供了物质基础。

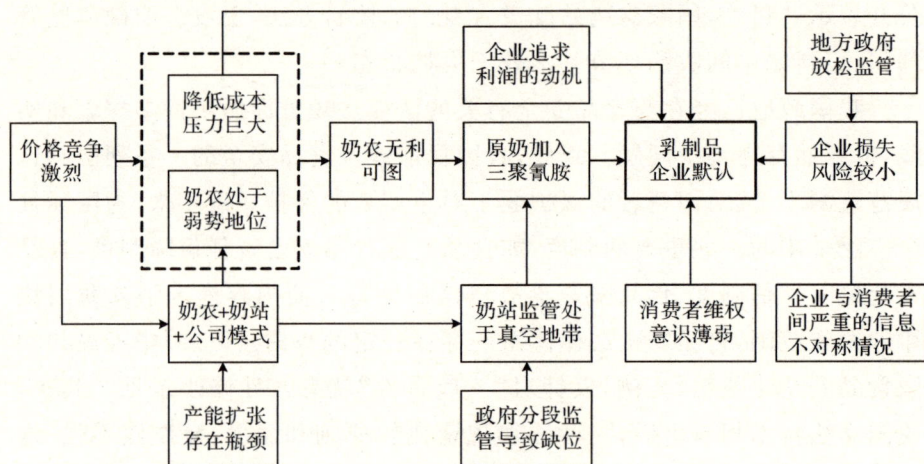

图 8-2 "三鹿事件"发生的逻辑

在经历了爆发式增长后,乳制品行业进入了同质化竞争的阶段,由于各个品牌的产品缺乏差异性,最后整个行业陷入了价格竞争的局面,这就迫使乳制品企业不断压缩成本。奶农在整条供应链中处于弱势地位,基本没有定价权,在下游企业不断压低收购价格的情况下逐渐无利可图,只能通过掺假来维持经营。与此同时,政府分段监管的方式使得奶站处于监管的真空地带,就造成可能奶站与奶农合谋,通过加入三聚氰胺来解决掺假所导致的质量低下、无法通过检验的问题。

乳制品企业可能一开始也未必知道奶农及奶站的恶劣行为,但当乳制品企业了解了这一情况后,其态度是非常暧昧的,三鹿集团甚至在明知原奶被三聚氰胺污染的情况下,使用这些原奶生产奶粉并进行销售。这说明,乳制品企业默认了奶农及奶站的行为。乳制品企业当然也会担心这种危害消费者的行为可能会使企业面临巨大的风险,但三个重要的原因使得企业最终还是决定铤而走险。 是乳制品企业追求自身利润最大化的动机及竞争所带来的降低成本的巨大压力迫使企业不得不采取默认的态度。二是地方政府由于经济利益的考量放松监管,甚至在某种程度上会帮助乳制品企业渡过难关。同时,企业与消费者之间存在严重的信息不对称问题,让消费者难以鉴别危害,且维权成本高,使得企业认为即便遭遇风险,损失也会比较小;三是乳制品企业认为消费者的维权意识比较薄弱,可以应对来自消费者的压力。

在前文的逻辑推演中可知,乳制品企业与消费者之间的信息不对称是导致"三鹿事件"的关键因素。两者之间的信息不对称。一方面会导致道德风险,即乳制品原料供应商或制造商刻意降低产品质量,甚至以次充好、制假贩假;另一方面会导致逆向选择,即由于消费者难以识别乳制品质量,提供高质量食品的企业被逐出市场,或被迫改为生产低质量食品。(Akerlof,1970;Stiglitz & Weiss,1981;聂辉华,2008)因此,我国乳制品市场是一个混同均衡市场,无论对于乳制品企业,还是奶农或消费者都是低效率的。近几年来,全国人大常委会、国务院、国家质检总局、卫生部和农业部等纷纷出台了各类法规和措施,治理食品安全问题。然而,各类食品安全事件依然频发,这表明在中国食品市场中,应对逆向选择和道德风险的常见抵消性机制均存在不同程度的失灵现象。

8.1.4 乳制品供应链的质量控制机制

要构建乳制品供应链的质量控制机制,关键在于解决奶农(奶站)与乳制品企业之间,以及乳制品企业与消费者之间的信息不对称问题,将混同均衡转变为分离均衡,才能提高乳制品市场的效率,解决乳制品质量问题。在此基础上,还需要推动乳制品产业进入良性的差异化竞争,改变奶农与乳制品企业间的博弈力量对比,完善相关法律法规及支持性政策,形成系统性的乳制品供应链质量控制长效机制。

(1)减少全供应链质量信息的不对称

构建食品供应链信息的可追溯机制,降低供应链成员间及供应链成员与消费者间的信息不对称程度是保障乳制品供应链质量控制机制有效运作的基础。乳制品一般都会经历从奶农到顾客的多个生产、加工环节,质量安全环环相扣,其中任何一环出现问题,都有可能造成食品质量问题。因此,乳制品生产需要构建乳制品供应链各个主体间反向的、可追溯的相互监督机制,将乳制品质量安全全过程管理纳入利益相关者的视野,减少供应链成员的道德风险事件的发生，也有助于减少政府监管成本，提高监管的有效性。

乳制品生产的市场化、信息化、规模化是食品生产可溯源性的基础。乳制品生产企业应采取市场化、信息化的企业生产方式，淘汰落后的小作坊生产模式，实现企业规模化生产完整的信息管理过程，这是乳制品生产可溯源性的条件。例如，寿光市在这方面的探索就很值得借鉴，寿光市移动公司开发了"蔬菜食品安全二维码追溯系统"，记录蔬菜生长、施肥、打药的一系列信息。"二维码移动防伪技术"在国际上是一项成熟的防伪技术，可以帮助人们快速、准确地了解自己所购产品的信息。在各大超市里，消费者只要拿出手机对着二维码一扫，就能获得这是不是真正的寿光有机蔬菜、是否达到了国家质量认证标准等信息。

推动低成本乳制品质量检测技术的发展是降低消费者与乳制品企业间信息不对称程度的有效手段。乳制品的质量问题往往难以通过观察获得，目前消费者要获知乳制品的产品质量信息需要进行复杂的检测，成本高昂。如果能够开发出低成本的乳制品质量检测技术，那么消费者就可以很容易判断乳制品的质量，乳制品企业若继续生产和销售有质量问题的产品就会面临巨大的损失风险，这会大大减少乳制品企业的机会主义行为。

(2)改变奶农与乳制品企业间的博弈力量对比

乳制品企业与奶农之间博弈力量的不对等也是"三鹿事件"的诱因之一。因此，有必要通过奶农联合会、奶农经济合作组织及股份公司等形式将奶农组织起来，增强奶农群体与乳制品企业间的讨价还价能力，构建参与机会公平、谈判力量相当的合作机制，形成相互依存的利益分配格局。此外，奶农合作组织内部对其成员的监督成本要比乳制品企业直接监督单个奶农小得多，且更加有效，从而使得初级农产品的质量追溯有了明确主体。

有了明确的主体后，该主体出于自己的声誉和长期合作关系的考虑，就会减少机会主义行为，放弃不符合长期要求的短期利益。近年来的实践也证明，农民合作经济组织的出现对于协调和处理好农民与龙头企业的关系，保障农产品质量安全具有极其重要的作用。因此，要建立并完善农产品质量追溯体系、保障农产品质量安全，就必须促进中国零散的、原子式的生产经营者主体向结构化、规模化方向发展。对此,要大力培育并壮大农产品生产企业、农民专业合作经济组织等中介组织,提高农产品生产和经营的组织化程度;要积极推进"龙头企业+中介组织+农户"的农产品质量安全组织模式,通过不断提高农产品生产和经营的组织化程度,建立生产者和经营者的利益联结机制和约束机制,推动农产品的标准化生产、产业化经营和规范化管理,为质量追溯培育载体。

乳制品企业实施纵向一体化战略、建立规模化的牛奶场和加大对原料资源的掌控力度也是防范质量问题发生的有效手段。拥有自建规模化奶牛场的乳制品企业如北京三元、黑龙江完达山的产品中未检测出三聚氰胺,这为上述"恶性循环论"提供了一个反证。北京三元在北京拥有近30家规模牧场,可以为三元提供80%的优质原料奶;黑龙江完达山拥有标准化奶牛小区136个,饲养优质奶牛50万头,已建立标准化挤奶站和收奶站902个,其原料奶90%以上来自这些标准化小区。这些企业摆脱了产业链的结构缺陷,避免了毒奶事件的发生。(齐春宇,2009)

(3)推动市场竞争由价格向差异化转变

激烈的价格竞争在一定程度上迫使企业使用质量低劣的原奶生产产品,而价格竞争的根源在于产品及品牌的同质化。如果乳制品企业对于那些与其他产品存在差异的产品拥有绝对的垄断权,就可以凭借垄断权构筑其他企业进入该市场或行业的壁垒,形成竞争优势,获得可观的利润,避免陷入低级的价格竞争。因此,乳制品企业应增加专用性投资,对其产品进行适度差异化,塑造差异性的品牌形象以取得竞争优势。

(4)政府构建完善的法律法规及支持性政策

"三鹿事件"的发生与政府相关法律法规不完备、各部门之间缺乏配合协调和监管存在空白地带不无关系。一方面,政府应修订完善《中华人民共和国食品安全法》,加快制定配套的法律法规,为食品安全监管打好基础。食品安全法律的制定应当具有全面性和兼容性的特点。即在制定《中华人民共和国食品安全法》的同时,要针对不同食品类别和食品链条各环节的监管,还要对特殊食品和关键环节制定专门的法律法规加以规范。(陶跃华,张晓峰,2010)另一方面,政府要加强相关部门间的沟通协调,以解决监管中存在的各个环节之间分工不严格、多头执法、责任不明、监管链条"断裂"等问题。

在处理"三鹿事件"过程中,国务院办公会议曾决定对奶农实施扶持政策,但这只是处理危机的临时措施,只能解决一时的问题。从长远看,我们需要研究和借鉴美国政府的经验,对原奶的生产和价格建立起明确的保护政策。这些政策主要包括对原料奶收购实行最低价格保护和补贴政策,在原料奶过剩、原料奶收购价格过低时,对原料奶生产者实行价格补贴或实行最低保护价;乳品过剩时,政府收购储备或提供学生奶之用;对配额内生产的鲜奶、乳制品、出口制品给予政策性补贴;等等。只有对产业链最薄弱的原奶生产环节进行保护,才能促进乳品产业的健康发展并最终保障食品安全。

8.2 丰田供应链质量管理的经验与教训

丰田在相当长的一段时间内凭借其卓越的产品质量成为全球汽车行业的标杆企业,2008年甚至成了全球第一大汽车制造商。一辆汽车由上万个零部件组装而成,生产流程非常复杂,仅靠一家企业无法完成,需要大量的零部件供应商,因此汽车质量的高低在很大程度上取决于总装厂对于汽车供应链的质量管理。显然,丰田在供应链质量控制方面有其独到之处。但是,登上顶峰的丰田立即遭到了当头棒喝,在2009年陷入了"召回门"危机。由于车辆脚垫及油门踏板的质量问题,2009年丰田有超过800万台汽车被召回,全球累计召回汽车的数量已经超过了2008年的全球总销量。可见,看似已经相当完善的丰田供应链质量控制体系出现了问题。下文笔者将对丰田汽车在供应链质量控制方面的经验和教训进行分析和总结。

8.2.1 丰田的供应链质量控制策略

丰田一直都很关注质量管理,早已形成了全面质量管理的理念,其供应链质量控制策略就来源于此。全面质量管理有两层含义:一是全过程质量管理,即对产品生产的全过程都进行质量管理;二是全体员工都要参与质量管理。

全过程质量管理主要包括三个阶段:一是产品投产前的规划、研制、设计和生产准备阶段;二是投产后保证制造质量的阶段;三是销售后保证用户质量的阶段。丰田对每个阶段都有严格的质量要求、检查规定和保证手段。全过程质量管理也会延伸到供应商，主要体现在与供应商共同研制、设计零部件以保证零部件满足顾客的需求，要求供应商以很高的质量生产零部件，提供良好的售后服务等。

全面质量管理意味着整个公司从高层管理人员到基层操作人员都要参与到质量管理过程中，每个岗位都责权分明，各守岗位且有主动精神，形成组织严密的质量保证体系。此外，全面质量管理还要求大力推广质量小组，共成立了6 500多个质量管理小组，各小组自行选择本车间问题进行研究和改进。全面质量管理扩展到整条供应链意味着丰田的所有供应商也要参与到质量管理中来，每个供应商都要为它所生产的零部件的质量负责，不断改进零部件的质量。因此，供应商也要实施全面质量管理，并相应地成立质量小组，对生产中存在的各类质量问题进行研究和改进。

丰田将零部件分为战略性零部件与非战略性零部件两大类，并采取不同的策略加以管理。对于战略性零部件，丰田将这类制造业务专门分包给和丰田有紧密资本和财务联系的工厂，将其视为丰田的特殊供应商，进行严格细致的管理，并通过将其整合为一个"企业网络"使得内部所有相关企业的利益和目标完全一致。（蔡惠芬，张建三，2006）丰田会与这类供应商发展战略合作伙伴关系，进行较高程度的合作，开发与供应商之间的多功能界面，建立企业间的知识分享界面，把专有知识与技能传递给供应商。例如，通过丰田汽车的设计工程师与供应商的设计工程师的协作，确保产品无缺陷和产品的定制化。同时，丰田也推进与供应商特定性关系的投资，当供应商成长到一定规模，丰田会通过收购股份等形式进行控制，使得组织之间的界限趋于模糊，通过紧密的合作团队的形式确保企业关键技术和长期竞争优势的获得。对于非战略性零部件，丰田主要考虑价格、质量和送货时间等因素能否满足自己的要求，使用传统的竞标方式压低价格，以刺激供应商之间的竞争，由此降低物品的采购价。

8.2.2 丰田的供应商关系管理

在2003年OEM基准（评价美国汽车制造业制造商—供应商关系的主要指标之一）调查中，丰田不论是从信任度、潜在的机会，还是在研发变

革等方面都被评为零部件供应商最受欢迎的企业。另外在一项"最希望
合作的整车厂商"的调查中,70％以上的零部件供应商表示了与丰田合作
的意愿,而美国三大汽车制造商则全部低于30％。供应商企业一致认为
丰田比较重视供应商的知识产权,能够在成本、质量及技术三者间选取合
理的平衡点,谋求长期的发展。丰田与供应商之间通过供应商协会、咨询
小组、自主研修组等组织形式保持着较为密切的关系,这些组织使用不同
的机制帮助供应商在质量等各方面进行提升和改进。

(1)供应商协会

丰田的供应商协会简称"协丰会"(kyohokai),这个协会旨在为丰田
提供一个与供应商交流资讯和收集反馈信息的论坛,会员皆为自愿入会。
在参加协会前,供应商高层之间不会自发地谈论和分享信息。但在入会
几年后,各供应商会频繁地进行互动,因为供应商高层之间已经建立了相
互的联系。协丰会每2个月召开一次常规会议,并且每月或每2个月还
要召开一次专题委员会。前者让各供应商高层得以分享供应商网络内关
于生产计划、方针政策及市场趋势等方面的"显性知识"。后者则使得各
成员在成本、质量、安全性及社会活动四个方面进行更加频繁的互动,令
网络内的所有成员受益匪浅。例如,质量委员会选择"消除供应商设计缺
陷"作为当年的主题,并每2个月召开一次会议分享有关这个主题的知
识。质量委员会还赞助各种活动,其中包括每年为100多名工程师提供
质量基础培训、参观汽车制造业内及业外拥有"最佳实践"的工厂等。

(2)咨询小组

早在20世纪60年代中期,丰田就开始派遣专家顾问协助其在日本
的供应商。为此,公司成立了运作管理咨询部门(OMCD),以获取、存储
和传播丰田内有价值的生产知识。OMCD由6名具有丰富经验的资深
经理人(其中每人都曾负责2个丰田工厂及10个左右的供应商),以及约
50名顾问组成。顾问中的15至20人为OMCD的永久成员,而剩下的皆
为崭露头角的青年才俊,他们通过在OMCD的3至5年的岗位轮换,进
一步巩固了其在丰田生产系统方面的知识。丰田将派遣这些公司内部的
专家到供应商的公司,协助它们解决在实施丰田生产系统的过程中遇到
的难题,有时这一派驻就是好几个月。(邹声堂,姜恩,2007)

有趣的是,丰田并不为顾问的咨询时间收取任何费用,相反,它将

OMCD 作为一种宝贵的资源提供给丰田的所有成员。一项面向丰田在日本最大的 38 个一级供应商的调查显示,丰田平均每年造访其公司的频率为 4.2 次,每次停留时间为 3.1 天。

丰田在美国组建了相应的运作管理咨询部门。该部门成立之初名为丰田供应商支持中心,现在已成长为拥有超过 20 名顾问,并由前任 OMCD 顾问 Hajime Ohba 亲自领导的 TSSC 公司。与 OMCD 类似,TSSC 要求入会的供应商与他人分享项目成果。这有助于丰田将成功实施丰田生产系统各项要素的供应商的"最佳实践"进行示范,这也鼓励供应商们向同行敞开大门。

与美国的三巨头(通用汽车、福特、戴姆勒—克莱斯勒)相比,丰田明显更多地致力于与美国供应商建立更好的联系,发展与供应商的合作关系。丰田派遣人员造访供应商的工厂以交流技术信息的频率是平均每年 13 天,而三巨头的这个数字仅为 6 天。

丰田与供应商之间建立的指导及合作的关系对产品质量及其他绩效指标产生了巨大的影响。供应商为丰田供货的生产部门的残次品率平均下降了 84%,而为其最大客户三巨头供货的生产部门的残次品率仅下降 46%。类似地,为丰田供货的生产部门的库存平均下降了 35%,而为三巨头供货的生产部门的库存仅下降 6%。同时,为丰田供货的生产部门的生产效率提高了 36%,而为三巨头供货的生产部门的生产效率仅提高了 1%。

(3)自主学习团队

OCMD 将丰田在日本的 50 多个主要供应商分成自主研修组 (jishuken),以共同研究生产效率及质量改进方面的问题。自主研修组在一名 OMCD 顾问的协助下,首先确定一个主题,随后花 3 个月的时间对每位团队成员的工厂所存在的问题进行研究。自主研修组是一个先进的合作机制,各成员一起对有关丰田生产系统的新想法和应用进行探讨,并且作为一个团队共同学习。然后,各团队将有价值的经验传递给丰田及整个供应商网络。

丰田通过在 40 个供应商中组建 3 个工厂发展活动(PDA)的核心团队,从而在美国复制了自主研修的理念。与供应商协会如出一辙,会员也是自愿入会的。成立之后第一年的主题为质量改进,因为正如丰田的尼尔森所说的那样:"每个人都认为他们可以改进质量。"每一位 PDA 的成员都被要求挑选工厂内的某条生产线,实施某项理念的试验。

经由 PDA 来传递知识之所以特别有效,原因之一是它所涉及的学习是与具体业务息息相关的。某车身零件供应商的工厂经理举了下述例子:"去年,我们的喷漆成本下降了 30%,这是由于我们采纳了一项建议,在油漆喷嘴处减压,同时调整喷射轨道,从而减少了油漆的浪费。"

通过供应商协会、咨询小组和自主学习团队这三种有效的发展供应商关系的手段,丰田建立了良好的组织架构和合作关系,这其中有一定的规律。丰田在美国和日本组建这些机构时遵循了相同的顺序,首先是在供应商之间建立起较弱的、不会构成威胁的相互联系,以便日后发展成为稳固的、相互信任的合作关系。随着各机构的发展和关系的日趋成熟,该流程增强了所有丰田供应商彼此之间的认同感。其次,丰田通过派遣咨询顾问,以最低的成本向供应商传授有价值的知识,逐渐强化了它与供应商之间的双边关系。结果,各供应商积极地参与到关系网络中来,不仅是为了展示它们对丰田的承诺,也是为了能够从丰田学到更多知识。

供应商协会所促进的信息交流多数集中在"显性知识"的范畴,咨询顾问的亲自造访也有效地传递了具有更高价值的"隐性知识"。而且,咨询顾问还营造了一个互利互惠的氛围。供应商们开始觉得自己有义务与丰田分享那些使生产运作得以显著改善的知识和经验。(Jeffrey & Nile,2004)

8.2.3 丰田"召回门事件"分析

丰田在相当长的一段时间内保持了非常好的绩效,但这种良好的发展势头在 2009 年末却突然中断了。2009 年 11 月 25 日及 2010 年 1 月 27 日,丰田因脚垫滑动卡住油门踏板可能导致事故,先后在北美召回雷克萨斯 ES350、凯美瑞、普锐斯等 13 种车型共计 555 万辆。2010 年 1 月 21 日,因油门踏板归位存在问题在北美召回卡罗拉、凯美瑞等 8 种车型共 248 万辆,从欧洲召回卡罗拉等 8 种车型共 171 万辆,从中国召回 RAV4 车型共 8 万辆,其他地区共 18 万辆。2010 年 2 月 9 日,因混合动力车刹车控制系统问题召回普锐斯等 4 种车型共 43 万辆,其中日本国内 22 万辆、北美 16 万辆、欧洲 5 万辆。(姬娇娇,乔志杰,2010)至此,丰田在全球召回的汽车总数已经超过了 2009 年丰田在全球的总销售量。在汽车行业总体销量增长的背景下,丰田的销量呈下滑趋势。

丰田汽车的社长丰田章男多次召开记者会公开道歉,表示给顾客增添了极大的麻烦和担忧,但如此大范围地出现产品质量安全隐患并如此大规模地实行产品召回,在汽车产业发展史上尚属空前,给丰田带来了巨大的经济损失,也严重损害了丰田的企业形象和社会声誉。为何曾经以产品质量著称的丰田会出现如此严重的质量问题呢?笔者将从以下三方面进行分析。

（1）快速扩张使得丰田的质量管理理念有所松懈

自 20 世纪 80 年代以来,丰田开始了它的全球扩张战略,并取得了巨大的成功。尤其是 2003 年后,丰田进入快速增长期。在这之前,丰田用了 24 年才使得产量达到 600 万辆。但仅用了 5 年,丰田的产量就达到了 897 万辆的规模,超过了通用汽车公司成为"世界第一"。在这段时间,丰田的市场表现非常好,市场份额和总利润在不断增加,这在一定程度上使得丰田滋生了浮躁情绪,急于扩大市场份额,抢占全球市场,放松了对质量的管控。事实上,在"召回门事件"发生前的 7 年间,丰田汽车的质量水平已经有下降的趋势,表现之一是美国消费者对丰田的投诉持续增加。但是,丰田方面一直认为是"美国小题大做",这实际上也反映了丰田对质量的态度已经开始放松。

（2）过度追求低成本

丰田生产方式的基本思想就是在降低成本的同时生产高质量的产品,这本身无可厚非,若要两者兼顾却绝非易事。为了扩大市场份额,丰田采用的策略是降低成本,在丰田生产方式中写着"使企业生存并保证利润的唯一途径,就是使成本始终低于消费者情愿为商品和服务所付出的价格"。丰田于 1999 年明确提出降低成本的目标,降低成本的确给丰田带来了丰厚的利润与高速增长的销量。但是,成本的削减是有限度的,且必须以质量合格为前提。当降低成本的优先级高于质量时,很容易忽略其最珍贵的东西——对质量的不懈追求,从而导致自身监管失控。

丰田从公司的日常开销到汽车的生产各个方面都想尽办法来降低成本。在部件设计开发和实证试验阶段,一些必要的程序也在简化,这必然导致配件质量难以保证。在零部件供应方面,丰田实施了最大可能的汽车零部件通用化，即不论哪种车型，只能使用一种规格的零部件，而且往往把该零部件的研发和制造全部交给同一个或少数几个供应商去完成。这样做的最大弊端就是，一旦一种零部件出现质量问题，所有使用该种零部件的汽车都会相应出现安全隐患。在召回事件中造成影响最大的油门踏板就是其在北美和中国唯一的供应商所生产的。(陈铖，2010)正是这种近乎偏执的对低成本过度追求的策略使丰田爆发大规模质量问题几乎成为必然，丰田总裁丰田章男也曾默认，低成本战略导致了其产品质量的下降，丰田因节约成本而付出了更大的成本。

(3)质量管理能力无法适应过快的增长速度

丰田出现如此大规模的召回事件与其快速发展不无关系。这种快速的成长使得丰田的全球供应链体系更加复杂，但丰田管理复杂供应链的能力没有相应地成长。丰田章男也坦言"此次的汽车质量问题与近些年企业的快速发展有关，持续追求发展速度超出了自身的发展能力，使质量至上的理念有所松懈"。在日本国内，丰田可以采用一体化的方式管理其供应商，但在国外如何建立更为亲密、更为有效的供应商管理体系就是一大难题。在全球采购、制造及销售的时代，消费者的需求呈现高档化、复杂化、个性化及多元化等趋势，丰田已经拥有的能力是不足够满足消费者的全部需求的。例如，当丰田原有的零部件供应体系不能满足其增长需求，丰田便开始和自己并不熟悉、对自己的生产理念和方式并不了解的供应商进行谈判与合作。丰田在国外使用了较多低层次的供应商，而"脚踏门"的元凶部件正是美国的廉价供应商提供的。(杨元琳，魏宁，2010)在丰田北美发出召回声明的第二天，这家供应商即发表声明，称丰田的汽车召回事件与其供应的油门踏板质量问题无关。如此撇清关系的声明，早已丧失了作为一个整体的供应链合作伙伴之间应该有的共同进退的利益价值观念。

8.2.4 丰田供应链质量管理的启示

丰田的质量管理理念是较为先进的，其供应链质量管理策略也有诸多可取之处。但即便是这样的企业，在快速发展的过程中也会面临供应链质量管理问题，可见供应链质量管理的难度要高于单个企业的质量管理，我们可以从丰田的案例中得到如下启示：

首先,供应链质量控制是一项企业应长期贯彻的策略,任何的松懈都可能导致灾难性的后果。丰田在相当长的一段时间内对产品质量都是足够重视的,只是在2003年左右由于更加注重企业发展速度而放松了对质量的控制,结果产品质量立刻出现问题。好在丰田意识到了问题的严重性,立刻采取了相应的措施,成立了全球质量特别委员会来改善产品质量。由于丰田质量控制的基础比较扎实,目前已经很少听到丰田汽车的质量问题了。

其次,丰田在相当长的一段时间内保持着很高的质量水平主要依靠的是其严密的供应链质量控制策略,而实施这种策略的基础是供应链核心企业必须具有很强的质量管理能力。一般来说,供应链中的非核心企业大多为中小型企业,这样的企业质量管理理念往往比较落后,也缺乏有效的质量管理手段,因此需要核心企业向其输出质量管理的理念和工具,核心企业必须具备高超的质量管理水平才能担负起这个责任。

最后,与供应商发展密切的关系、对供应商进行有效的影响与控制是实施供应链质量控制的关键。丰田并不是简单地通过检验的手段来控制供应商所提供产品的质量水平,而是注重与供应商建立密切的联系,通过供应商协会、咨询小组及自主学习团队等形式帮助供应商找到产品质量水平低下的原因,并进一步改进质量管理。这种方式有助于核心企业与供应商建立起信任关系,形成长效合作机制,在最大程度上减少机会主义行为的发生。

8.3 京东的电商供应链质量管理策略

电子商务在近年来发展迅速,2014年我国电子商务市场交易整体规模达到了12.3万亿元,给传统零售业造成了巨大的冲击。但是,电子商务交易过程中以次充好、产品质量低下的情况也非常多。因此,如何提升电商供应链质量管理的水平,提升产品质量是亟待解决的问题。

京东是我国知名的电商企业,近10年来发展十分迅速,经营着数以亿计的商品,既有自营商品,也有平台上经营商家的商品,产品质量管控的难度非常大。为了在多变的市场需求和复杂的供应商环境下保证较高的产品质量,京东采用了360度质量保障体系,对待假货是"零容忍"的态度,取得了较好的效果,可以为其他电商企业提供有益的借鉴。

(1)构建了高效的质量管理人员队伍

为了控制产品质量,京东组建了流程管理部协调质控工作,所有业务和运营部门均设立了质控团队或岗位,售后、研发等部门支持配合。在公司层面,流程管理部对业务质控部门的工作要进行指导和监督管理;在业务层面,售后服务部、技术研发部、用户体验部等多个部门从各自职能角度全面支持、积极配合质量管控工作,形成了统一领导、分类把关的矩阵式管理机制。所有负责质量管理的员工都接受了来自国家相关部门、第三方权威机构及法务机构等的专业培训。京东对从事质量管理的员工要求是非常严格的,一旦发现假货,A,B,C 三级的管理人员一年之内不得升职加薪,如果一年发现 3 次,相关人员就会被开除。此外,京东对质量管理人员的受贿问题保持了高度的警惕。家电采销部门曾被发现过受贿问题,整个部门辞退了 10 多人。某供应商向京东监察部门举报,另一家供应商请京东某个负责大家电采购的管理人员吃饭,虽然只是吃大排档,也同样被开除。

(2)严格的抽检制度

京东的质量控制部门在每年初会根据国家工商、质检、食品药品监督局抽检的年度计划、公司促销计划和部门常规抽检需求,以及"商品质量管理系统"中的监测结果等制订抽检计划,并借助德国莱茵、天祥集团等第三方权威检测机构的力量对商品进行检测和鉴定,有针对性地抽检京东销售的不同品类商品,并为京东的抽检工作出具权威可靠的质检报告。一旦检测后发现问题,京东会迅速与商家沟通,进行处罚和整改。京东每周都会进行抽检,在售的所有品类商品,每年至少会被抽检一次,重点品类的商品每年可能会被抽检 2~4 次。

此外,京东还引入社会监督,建立了"京东质量观察团"。质量观察团的人员来自社会各行各业,包括媒体从业者、教师、律师等,由他们随机购买京东商品再送往检测机构检测,发现质量问题及时反馈,京东将积极做出处理,其中费用也由京东承担。对于质量观察团的成员,京东还提供反馈质量问题的绿色通道,他们可以直接发送邮件给质控部门,从用户的角度反馈和监督京东商品质量及购物体验。

（3）基于大数据技术与国家工商总局联合进行质量控制

京东在质量管理中非常注重运用信息技术。京东自主开发了"商品质量管理系统"。首先，该系统实现工商系统与京东系统的数据对接，这样能够运用监管机构的数据发现问题商家，并将问题商家阻挡在京东平台外。其次，该系统能够通过大量交易信息和消费者评价等数据对在售商品进行风险评估和筛查，主动发现潜在质量风险，并将商家的所有资料提供给国家工商总局，再通过地方工商总局对这些商家进行调查和处罚。再次，该系统可以将不同属性的质量问题进行分层，再根据问题的严重性进行分级；还能够监控商品全流程，记录商品在每个节点的信息，可以追责到供应商，甚至生产者，形成对商品质量的矩阵式管理。最后，这套系统汇总了国家工商、质检、食品药品监督局等相关部门公开发布的不合格商品信息和召回商品信息，相关法规、标准更新信息，以及内部抽检信息，能够帮助京东及时且最大限度地对商品质量进行把关。

此外，京东开发了"网络关键词甄别系统"，这套系统可以对违规关键词进行检索，能够大大简化对日常页面的审核工作，节省了审核的时间和人力成本。未来京东还将进一步强化智能识别追踪、关键字命中、交叉数据分析、大数据建模等技术手段，更加精准地识别问题商家及商品。

（4）严格的供应商管理

对于自营产品，京东主要从品牌厂商、品牌权利人及总代和一级代理处进行采购，以保证产品的质量。对于供应商的选择，京东有一套"2.5法则"，即如果某一品类有多个供应商，京东会根据供应商的价格、供货周期、质保能力和响应速度等进行综合打分，然后按照排名进行不同比例的采购，这样的机制能够促使供应商提供更好的、更优的产品和服务。

对于第三方开放平台的产品，因为第三方开放平台供应商拥有更多经营自主权，管理难度要大得多，所以京东对第三方入驻商家的资质审核、合同履约等有一套极其严格的规定，甚至与专业的信用评价机构合作来获得商家的评估报告。所有入驻商家均要通过在线入驻系统提供入驻资质，如企业资质、特殊行业资质和品牌资质，经专业资质审核团队审核，通过后才可开店。这些资料要涵盖文字说明、资质有效期及各项资质的电子版图片，所有资料必须可以实时提取查询。为了避免审核人员的舞弊行为，京东采用多部门协同串联机制，由资质审核部、招商部分别审核，避免出现"一人垄断"的审核情况，以确保公平公正地引入商家。

　　京东还开发了供应商管理系统，对供应商进行分级管理，实行奖惩激励；组织供应商参加在线培训、面对面的授课、案例分享等多种形式的品控培训，从而实现供应链企业在质量管控方面的共同发展。此外，京东会对在其平台上进行销售的商家进行评估，根据商家的经济实力与其签订质量承诺合同。一旦发现供应商的产品是假货或者存在严重质量问题，京东会按照合同对商家进行高额的惩罚，其惩罚力度甚至有可能让商家面临倒闭的风险。同时，京东也会对整个链条上的各层级负责人、执行人都实施处罚。正因为京东"零容忍"的态度，敢在其他电商平台出售假货、非正品行货的供应商，却不敢在京东销售假货。

第9章 全文总结及展望

9.1 全文总结

本书综合运用博弈论、供应链契约协调理论、库存理论等多种经典理论,并结合行为运营管理等前沿研究的思路,对供应链管理中的质量控制策略及成员间的契约协调机制进行了系统分析。本书深入探讨了多种情境下的供应链质量控制及协调机制,如上游厂商作为领导者及下游厂商作为领导者的供应链质量管理契约协调机制,确定性需求及不确定性需求下的供应链质量决策,考虑政府监管的供应链质量控制机制,以及电子商务情境下的供应链质量控制机制,从多个维度考察了供应链质量管理中的控制及契约协调机制。值得一提的是,与大多数供应链质量管理研究假设决策者是完全理性不同,本书还尝试分析了决策者有限理性对供应链质量管理行为决策的影响,如损失厌恶、过度自信等心理因素,使得研究结论能够更加贴近现实。

本书主要的研究工作及成果归纳如下:

第一,本书从供应链质量管理的框架、控制策略、契约协调机制、质量成本与质量水平的关系及具有特殊性的质量管理这五个方面系统梳理了供应链质量管理的文献,并指出了现有供应链质量管理研究的现状及存在的问题:一是供应链质量管理的理论框架依然不成熟;二是供应链成员间的质量管理契约协调机制的研究还不够深入;三是缺乏对供应链质量管理的实证研究。

第二,本书研究了两种不同供应链权力结构下的供应链质量管理行为,即上游厂商作为领导者和下游厂商作为领导者的供应链质量协调机制。对于上游厂商作为领导者的供应链质量管理,本书引入了零售商损失厌恶,基于报童问题研究了供应链成员的质量决策行为,并进一步考察了期权合同对供应链成员的行为协调作用。研究表明,损失厌恶的零售商的订货量要低于风险中性的零售商,而这会降低供应商的质量投资。对于下游厂商作为领导者的供应链质量管理,本书在确定性需求的前提下考察了收益共享契约对供应链成员质量努力水平的影响,指出供应商质量努力对需求量的影响程度越深,使用收益共享契约的效果就越好。此外,本书还考虑了决策者过度自信情境下的库存质量管理策略,并对供应商管理库存、零售商管理库存及集中决策的均衡结果进行了对比。

第三,本书引入了竞争因素,分别讨论了需求确定和需求不确定条件下的供应链质量管理问题。对于需求确定的情形,本书同时将质量努力和零售价格引入供应商端存在竞争的供应链协调机制的研究中,运用动态博弈对由两个供应商和一个制造商构成的供应链系统的四种不同情境:供应链集中决策(CC)、供应商合作(SC)、供应商不合作(NC)、制造商只与一家供应商合作(MC)进行比较,分析价格竞争和质量竞争的激烈程度及质量努力成本对不同情境下零售价格、质量努力水平及企业利润的影响。对于需求不确定的情形,本书讨论的供应链拓扑结构与需求确定的情形一致,但此时的需求则是随机函数,我们分析了集中决策、分散决策及采用回购契约三种情境下的均衡解,并对上述均衡解进行了比较。

第四,讨论了政府监管对企业的供应链质量管理决策的影响,以及政府与企业的博弈均衡。研究表明,企业选择较高或较低的质量努力水平是有其特定条件的,政府应因势利导从而提升社会的福利。例如,政府应鼓励企业建立先进的质量管理体系,降低企业的质量努力成本参数,以提升其质量努力。

第五,考虑到电子商务行业的迅速发展,以及电子商务供应链在质量控制上的特殊性,本书探讨了电商供应链的质量管理。本书在传统市场和电商市场同时存在的条件下,分析了零售商及供应商为主导的二级电子市场中的质量管理决策,并讨论了价格承诺对供应链成员决策行为的影响。

9.2 研究展望

虽然近年来实业界及学术界对供应链质量管理领域的研究一直保持着较高的热度,但总体上讲这一领域的研究依然有很多问题值得进一步探索。本书的研究也存在着一定的局限性。例如,在本书的研究中,我们着重考虑了供应商端的竞争对供应链成员质量管理决策行为的影响,没有考察零售商端存在竞争的情况,也没有考察两条相互独立供应链的竞争行为对供应链成员质量管理决策的影响。此外,本书涉及了诸如损失厌恶、过度自信等有限理性因素,但对于公平、羊群效应等有限理性因素并没有讨论。下文我们将提出几个可以进一步研究的方向。

(1)竞争因素对供应链质量管理的影响

现实中供应链的质量管理受到市场竞争正面和负面双重影响,一方面,激烈的市场竞争促使企业通过加强合作来不断提高供应链的管理水平,顾客也因此获得了更优质的产品和服务;另一方面,过大的竞争压力也迫使供应链中的部分企业为降低成本而牺牲了对质量的控制,导致大量劣质产品流入市场,使很多消费者深受其害,也为成员企业的经营带来了很大风险。理论界很少分析竞争因素对供应链成员质量管理决策行为的影响,因此有必要探究竞争对供应链质量管理产生影响的条件和机理,并尝试用实证的方法进行检验。此外,可以将本书对供应商端存在竞争的研究拓展到如下两种情形:一是一个供应商与多个零售商,零售商端存在竞争;二是两条独立的相互竞争的供应链,且每条供应链均由一个供应商和一个零售商组成。

(2)有限理性情境下的供应链质量管理

以往对供应链质量管理的研究绝大多数都基于完全理性假设,但供应链领域的实证研究(如 Katok & Wu,2006)却发现,供应链成员的决策并非严格按照利润最大化等原则,这对成员完全理性假设下供应链质量的研究结果提出了新的挑战。事实上,决策者自身知识、精力的有限性及羊群效应等都会导致有限理性决策行为的发生。行为运营管理研究有限理性行为对运营管理决策偏差造成的影响,探讨改进企业运营绩效的策略,在近年来越来越受到国内外学者的关注。现实中的决策者往往是有限理性的,因此考虑有限理性情境下的供应链质量管理能够使决策结果更加贴近现实。例如,Rabin et al.(2002)通过博弈实验证明人们在追求收益最大化时也会考虑利益的分配能否做到理想的公平。那么,公平感知会对供应链成员的质量管理决策行为产生何种影响呢?Banerjee(1992)认为,羊群行为是一种"人们去做别人正在做的事的行为,即使他们自己的私有信息表明不应该采取该行为"。在"三鹿事件"中我们知道,相当多的奶粉生产企业都在生产三聚氰胺超标的奶粉,这其中能够看到羊群效应的影子。因此,探讨羊群效应对供应链成员质量管理决策的影响有着很强的现实意义。

(3)物联网技术对供应链质量管理中追溯机制设计的影响

物联网是指通过射频识别(RFID)、红外感应器、全球定位系统、激光扫描器等信息传感设备,按约定的协议,把任何物品与互联网连接起来,进行信息交换和通信,以实现智能化识别、定位、跟踪、监控和管理的一种网络,具有全面感知、可靠传递和智能处理等特征。物联网技术的发展对供应链质量管理中追溯机制的设计及信息的共享有着举足轻重的影响,因此有必要将物联网技术引入供应链质量管理的研究中。物联网技术能够增强供应链质量管理信息的透明性,我们可以考察其如何影响供应链成员的决策行为。此外,物联网技术使产品质量问题的追溯变得更加容易,我们可以探讨如何利用这一特点来提高供应链的质量控制水平。

(4)细分行业中特殊的供应链质量管理行为

不同的细分行业有该行业所面临的特殊质量控制问题,如食品工业中的信息不对称问题、飞机制造业的复杂供应网络问题等。在细分行业的供应链质量控制及协调机制的研究方面,食品行业具有特殊的地位,因为食品质量的好坏直接关系到民众的健康。在食品行业中,上下游之间存在着较为严重的信息不对称问题,如何设计精巧的机制实现信息揭示是一个需要重点关注的问题。而在飞机制造业中,零件的种类繁多,存在大量专用件,供应商的数量也非常庞大,因此质量管理的成本非常高。如何在保持高质量水平的前提下降低质量管理成本是飞机制造中需要解决的关键问题。

参考文献

[1] 曹東，杨春节，2006.考虑质量失误的供应链博弈模型研究[J]. 中国管理科学，14(1):25-29.

[2] 曹雅琴，张翠华，2012.考虑质量缺陷和再制造的闭环供应链批量热力学模型与优化[J]. 系统管理学报，21(3):384-390.

[3] 蔡惠芬，张建三，魏大鹏，2012.丰田供应商关系战略的演变 [J]. 商业时代，(24):34-36.

[4] 常广庶，2004.供应链中的质量管理[J]. 世界标准化与质量管理，(10):11-13.

[5] 常广庶，2004.ISO9000 与供应链的质量管理[J].特区经济,(9):174-175.

[6] 陈国庆，黄培清，2007.供应链中的信息共享与激励机制[J].上海交通大学学报,41(12):2032-2037.

[7] 陈敬贤，2011.依赖于价格的供应链质量惩罚策略研究[J]. 工业工程，14(4):63-67.

[8] 陈祥峰，2001.供应链中质量担保决策[J]. 科研管理，22(3):114-120.

[9] 陈新平，徐洪斌，2008.供应链质量管理问题研究[J].商场现代化，(31):102.

[10] 陈育花，2006.供应链中基于质量控制的契约模型分析[J]. 物流科技，29(132):78-81.

[11] 陈志祥，罗澜，赵建军，2004.激励策略对供需合作绩效影响的理论与实证研究[J]. 计算机集成制造系统，10(6):677-683.

[12] 但斌,任连春,张旭梅,2010(a).供应链环境下制造商产品质量改进决策模型[J].工业工程,13(2):1-5.

[13] 但斌,任连春,张旭梅,2010(b).质量影响需求下的二级供应链协调模型研究[J].工业工程和管理,15(4):1-4.

[14] 杜志平,胡贵彦,穆东,2011.信息不对称下供应链上下游企业质量守约博弈分析[J].物流技术,30(7):161-163.

[15] 高滔,顾力刚,2010.供应链质量风险管理的单委托—多代理激励模型研究[J].中国管理信息化,13(1):73-75.

[16] 郭琼,杨德礼,2006.需求信息不对称下基于期权的供应链协作机制的研究[J].计算机集成制造系统,12(9):1466-1471.

[17] 郭旭亮,顾立刚,2010.供应链环境下的质量保证机制研究[J].标准科学,(5):60-63.

[18] 桂寿平,栗叔林,张智勇,等,2011.允许缺货且具有随机缺陷率的EOQ模型研究[J].管理工程学报,25(1):140-147.

[19] 冯良清,彭本红,2008.电子商务环境下供应链质量控制特征与方法[J].现代管理科学,(6):65-66.

[20] 洪江涛,陈俊芳,2007.供应商产品质量改进的契约模型[J].系统工程和电子技术,29(10):1655-1658.

[21] 洪江涛,黄沛,2011.两级供应链上质量控制的动态协调机制研究[J].管理工程学报,25(2):62-65.

[22] 华中生,陈晓伶,2003.考虑质量失误与延期交货问题的供应链博弈分析[J].运筹与管理,12(2):11-14.

[23] 华中生,陈晓伶,2005.考虑质量风险时供应链订货批量的博弈分析[J].系统工程理论方法应用,14(4):303-307.

[24] 贾涛,徐渝,耿凯平,2011.部分延期付款下易腐品联合经济订货批量模型[J].运筹与管理,20(4):1-9.

[25] 蒋梦莉,姚树俊,2011.供应链管理中信息共享机制研究[J].生态经济,(4):111-115.

[26] 蒋阳升,陈彦如,李富永,2004.供应链信息共享激励监督机制研究[J].山东农业大学学报,35(3):454-457.

[27] 焦志伦,2010.含有质量成本的供应链经济操作批量模型[J].物流

技术,(19):73-76.

[28] 李尽法,2011.不完美检验和顾客抱怨的供应链质量控制模型[J].工业工程,14(4):68-81.

[29] 李丽君,黄小原,庄新田,2005.双边道德风险条件下供应链的质量控制策略[J].管理科学学报,8(1):42-46.

[30] 李永飞,苏秦,童键,2012.基于客户质量需求的供应链协调研究[J].软科学,26(8):136-140.

[31] 李宇雨,但斌,黄波,等,2009.基于质量追溯的面向订单装配的供应链质量控制机制设计[J].计算机集成制造系统,15(12):2405-2410.

[32] 刘威延,苏秦,张鹏伟,2012.考虑生产商加工过程的供应链契约设计[J].运筹与管理,21(5):35-40.

[33] 刘学勇,熊中楷,熊榆,2012.线性需求下的产品召回成本分担和质量激励[J].系统工程理论和实践,32(7):1400-1407.

[34] 刘远,HIPLE K W,方志耕,等,2012.复杂产品供应链质量控制方案递阶决策模型[J].控制与决策,27(11):1685-1693.

[35] 卢有学,2009."三鹿奶粉"系列案定性探疑[J].西南政法大学学报,11(5):51-58.

[36] 马俊,吴兴海,2010.信息不对称条件下采购质量控制契约设计[J].华东经济管理,24(9):149-152.

[37] 马彦,2010.我国食品安全政府监管研究[D].西安:西北大学.

[38] 孟庆峰,盛昭瀚,李真,2012.基于公平偏好的供应链质量激励机制效率演化[J].系统工程理论和实践,32(11):2394-2403.

[39] 牟小俐,徐毅,陈汉林,2008.考虑质量水平影响的供应链利润模型[J].工业工程,11(3):41-45.

[40] 乔磊,张晓敏,2012.供应链产品质量激励机制设计[J].经济生活文摘(上半月),(9).

[41] 齐春宇,2009."三鹿奶粉事件"反思:基于中美乳业产业链结构比较视角[J].宁夏社会科学,(2):53-57.

[42] 陶跃华,张晓峰,2010.从"三鹿奶粉事件"浅析我国食品安全监管现状及对策[J].中国卫生监督杂志,17(4):114-123.

[43] 盛锋,陆志强,2011.基于效益转移激励的供应链质量改进模型研究[J].哈尔滨理工大学学报,6(16):114-123.

[44] 唐宏祥,何建敏,刘春林,2004.非对称需求信息条件下的供应链信息共享机制[J].系统工程学报,19(6):589-595.

[45] 唐金栓,周鑫森,2012.供应链环境下不同质量水平时最优质量成本的模型研究[J].机械工程师,(7):74-75.

[46] 唐美,庄品,2010.考虑制造商质量水平的供应链质量契约研究[J].物流技术,(227):101-103.

[47] 王彬,2005.基于供应链的质量链管理[J].机械工业标准化与质量,(1):9-12.

[48] 王洁,陈功玉,钟祖昌,2008.基于跨期约束的供应链动态质量激励机制设计[J].中国管理科学,16(6):142-149.

[49] 王洁,2010.供应链结构特征、机制设计与产品质量激励[J].中国工业经济,(8):97-107.

[50] 王金发,伍建军,王轶珍,2005.ISO9000 标准在供应链质量管理中的应用[J].航空标准化与质量,(6):13-16.

[51] 王晓莉,胡劲松,张贞齐,2008.含模糊缺陷率且允许缺货的 EOQ 模型研究[J].运筹与管理,17(2):80-86.

[52] 王小丽,2006.供应链信息共享激励策略研究[J].企业经济,(2):19-21.

[53] 王鑫,2009.基于信号博弈的供需双方委托代理模型研究[J].科学技术和工程,9(23):7271-7275.

[54] 肖迪,潘可文,2012.基于收益共享契约的供应链质量控制与协调机制[J].中国管理科学,20(4):67-72.

[55] 夏永祥,彭巨水,2009.基于供应链视角的农产品质量管理[J].学术月刊,41(8):67-72.

[56] 熊中楷,刘芳兵,2009.考虑质量提升的供应链质量成本分担合同研究[J].华东经济管理,23(12):100-103.

[57] 徐庆,朱道立,李善良,2007.不对称信息下供应链最优激励契约的设计[J].系统工程理论与实践,(4):27-33.

[58] 徐兴,李仁旺,吴新丽,等,2012.基于网络质量控制的复杂供应链

网络稳健性研究[J].中国机械工程,(8):941-946.

[59] 杨国栋,王兆君,2005.供应链中信息共享的激励策略研究[J].哈尔滨商业大学学报,(1):40-42.

[60] 杨慕升,张宇,2010.供应链产品质量的协同控制技术[J].制造业自动化,(4):24-27.

[61] 姚树俊,2012.考虑服务水平的两级供应链系统信号博弈研究[J].科学管理研究,(6):210-213.

[62] 姚云飞,王仕新,2012.关于信用期内含缺陷产品 EOQ 模型[J].应用数学,3(25):565-569.

[63] 杨艳萍,刘宇宸,刘威,2008.基于委托代理的供应链质量管理激励策略[J].物流科技,(2):99-101.

[64] 尤建新,朱立龙,2010.道德风险条件下的供应链质量控制策略研究[J].同济大学学报,38(7):1092-1098.

[65] 俞海宏,2011.工程服务外包中的激励机制和定价策略研究[J].浙江大学学报,38(2):150-156.

[66] 于辉,顾力刚,2007.基于供应链的质量管理信息系统构建[J].商业时代,(18):14-15.

[67] 张翠华,黄小原,2002.供应链质量监督问题及其决策[J].工业工程,5(5):35-38.

[68] 张翠华,黄小原,2003.非对称信息对供应链质量成本决策的影响[J].东北大学学报(自然科学版),24(3):303-305.

[69] 张翠华,黄小原,2004.非对称信息条件下业务外包的质量评价和转移支付决策[J].管理工程学报,18(3):82-86.

[70] 张翠华,黄小原,2004.非对称信息下业务外包中的质量评价决策[J].中国管理科学,12(1):46-50.

[71] 张翠华,鲁丽丽,2011.基于质量风险的易逝品供应链协同质量控制[J].东北大学学报,23(1):145-148.

[72] 张翠华,任金玉,于海斌,2006.非对称信息下基于惩罚和奖励的供应链协同机制[J].中国管理科学,14(3):32-37.

[73] 张翠华,晏妮娜,黄小原,等,2005.不同产品结构下业务外包模型及其决策[J].东北大学学报,26(8):805-808.

[74] 张天天，2010.核心企业主导下的供应链质量管理[J].吉林省教育学院学报，26(12):118-119.

[75] 张新艳，2009.考虑质量改进投资的联合经济批量模型研究[J].企业经济，(8):32-35.

[76] 张雄会，陈俊芳，黄培，2008.基于质量罚金的供应链成员质量改进决策[J].上海交通大学学报，42(11):1859-1861.

[77] 张昇，2012.基于供应链质量管理的供应商激励机制的研究[J].物流工程与管理，34(212):60-61.

[78] 张煜，2011.基于批发价格契约的质量成本审查模型分析[J].系统工程理论和实践，31(8):1481-1488.

[79] 衷志远，刘海澜，2007.供应链环境下的供应商质量管理[J].商业文化(学术版)，(4):104-105.

[80] 周超云，陆志强，2011.基于非对称性质量风险的供应链运作决策分析[J].上海交通大学学报，45(12):1782-1787.

[81] 周明，张昇，李勇，等，2006.供应链质量管理中的最优合同设计[J].管理工程学报，20(3):120-122.

[82] 周叶，周建设，柴京富，2006.供应链环境下的供应商质量管理研究[J].物流技术，(2):70-72.

[83] 周威，金以慧，2006.具有模糊缺陷率和订货费用的库存管理研究[J].计算机集成制造系统，5(12):765-771.

[84] 邹声堂，姜恩，2007.丰田与供应商的网络结构分析[J].世界标准化与质量管理，(3):29-32.

[85] 朱立龙，尤建新，2011.非对称信息供应链质量信号传递博弈分析[J].中国管理科学，19(1):109-117.

[86] 朱立龙，于涛，夏同水，2012.两种激励条件下三级供应链产品质量控制策略研究[J].中国管理科学，20(5):112-121.

[87] 朱晓宁，李岭，2009.基于ISO9000族标准的供应链质量管理实施框架[J].商业研究，(2):37-40.

[88] 朱曦，田新民，吴圣佳，等，2005.供应链质量成本中的不对称信息博弈研究[J].工业工程和管理，(2):15-17.

[89] 朱曦，吴圣佳，2005.供应链环境下的质量管理探讨[J].生产力研

究，(10):201-203.

[90] ABDULLAH E,GULTEKIN O,2007. An economic order quantity model with defective items and shortages[J]. International Journal of Production Economics,106(2):544-549.

[91] AHIRE S L, DREYFUS P,2000. The impact of design management and process management on quality: an empirical investigation[J]. Journal of Operations Management, 18(5):549-575.

[92] ALBERT Y H，2001. Supplier-buyer contracting: asymmetric cost information and cutoff level policy for buyer participation[J]. NavaL Research Logistics,48(1):41-64.

[93] APOSTOLOS B,STEPHEN M G,CRAIG S, 2005. Quantity discounts in single period supply contracts with asymmetric demand information [J]. Journal of Society Science Management,45(9):123-129.

[94] BAIMAN S, FISCHERP E, RAJAH M V, 2000. Information, contracting, and quality costs[J]. Management Science,46(6):776-789.

[95] BALACHANDRAN K P,RADHAKRISHNAN S，2005. Quality implications of warranties in a supply chain「J」. Management Science,51(8):1266-1277.

[96] CACHON G P,LARIVIERE M A，2001. Contracting to assure supply: how to share demand forecasts in a supply chain[J]. Management Science,47(5): 629-646.

[97] CHAO G H,IRAVANI S M R,SAVASKAN R C,2009. Quality improment incentives and product recall cost sharing contracts[J]. Management Science,55(7):1122-1138.

[98] HUANG C K，2002. An integrated vendor-buyer cooperative inventory model for items with imperfect quality [J]. Production Planning and Control,13(4):355-361.

[99] CHARLES J C, ZHOU D M, CHRISTOPHER S T, 2004. Designing supply contracts: contract type and information asymmetry[J]. Management Science,50(4):550-559.

[100] CHARLES S T, 2007. Consumers risk and quality control in a collaborative supply chain [J]. European Journal of Operational Research,182(2):683-694.

[101] CHARLES X W, SCOTT W, 2007. Channel coordination for a supply chain with a risk-neutral manufacturer and a loss-averse Retailer[J]. Decision Sciences,38(3):361-390.

[102] CHATFIELD D C, HARRISON T P, HAYYA J C, 2009. SCML: an information framework to support supply chain modeling[J]. European Journal of Operational Research, 196 (20):651-660.

[103] CHRISTOPH H G, MOHAMAD Y J, CORY S, 2012. Sustainability strategies in an EPQ model with price-andquality-sensitive demand[J]. International Journal of Logistics Management,23(3):340-359.

[104] CHUNG KUN-JEN, HUANG YUNG-FU, 2006. Retailers optimal cycle times in the EOQ model with imperfect quality and a permissible credit period [J]. Quality and Quantity,40(1):59-77.

[105] CORBETT C, DECROIX G, 2001. Shared-savings contracts for indirect materials in supply chains: channel profits and environmental impacts [J]. Management Science,47(7):881-893.

[106] DESAI P S, SRINIVASAN K, 1995. Demand signalling under unobservable effort in franchising: linear and nonlinear price contracts[J]. Management Science,41(1):1608-1623.

[107] YAO D Q, ZHANG N Y, 2009. Contract design for supply chain quality management[J]. International Journal of Value Chain Management,3(2):129-145.

[108] EL O F, BOWON K, 2010. Supply quality management with wholesale price and revenue-sharing contracts under horizontal competition[J]. European Journal of Operational Research, 206 (2):329-340.

[109] FORKER L, RUCH W, HERSHAUER J C, 1999. Examining supplier improvement efforts from both sides[J]. Supply Chain

Manage,35(3):40-50.

[110] FORKER L B, MENDEZ D, HERSHAUER J C,1997. Total quality management in the supply chain: what is its impact on performance[J]. International Journal of Production Research,35 (6):1681-1701.

[111] FOSTER W, et al, 2006. Technology and organisational factors in the notebook industry supply chain [C]. Research Report for Center for Strategic and Supply Research (CAPS) and The Personal Computing Industry Center (PCIC, UC Irvine).

[112] GANESHAN R, KULKARNI S, BOONE T,2001. Production economics and process quality: a Taguchi perspective [J]. International Journal of Production Economics, 71(1):343-350.

[113] GOYAL S K, HUANG C K, CHEN H K, 2003. A simple integrated production policy of an imperfect item for vendor and buyer[J]. Production Planning & Control,14(7):596-602.

[114] GURNANI H, ERKOC M,2008. Supply contracts in manufacturer-retailer interactions with manufacturer-quality and retailer effort-induced demand[J]. Naval Research Logistics,55(3):200-217.

[115] HALE K,JANET L H, 2008. A replication and extension of quality management into the supply chain [J]. Journal of Operations Management,26(4):468-489.

[116] HAU L L,KUT C S,CHRISTOPHER S T, 2000. The value of information sharing in a two-level supply chain[J]. Management Science,46(5):626-643.

[117] HUNG H C,CHI C,2004. An application of fuzzy sets theory to the EOQ model with imperfect quality items[J]. Computers and Operations Research,31(12):2079-2092.

[118] WEE H M, JONAS C P Y, WANG K J,2006. An integrated production-inventory model for deteriorating items with imperfect quality and shortage backordering considerations[J]. Lecture Notes in Computer Science,(3982):885-897.

[119] WAN H，XU X W，NI T，2013. The incentive effect of acceptance sampling plans in a supply chain with endogenous product quality [J]. Naval Research Logistics，60(2)：111-124.

[120] HUANG C K，2004. An optimal policy for a single-vendor single-buyer integrated production-inventory problem with process unreliability consideration[J]. International Journal of Production Economics，91(1)：91-98.

[121] INY H，SURESH R，LIXIN S，2006. Vendor certification and appraisal：implications for supplier quality [J]. Management Science，52(10)：1472-1482.

[122] WU J H，ZHAI X，ZHANG C，et al，2011. Sharing quality information in a dual-supplier network：a game theoretic perspective [J]. International Journal of Production Research，49(1)：199-214.

[123] YANG JIN-SHAN，CHAO-HSIEN P J，2004. Just-in-time purchasing：an integrated inventory model involving deterministic variable lead time and quality improvement investment [J]. International Journal of Production Research，42(5)：853-863.

[124] ZHU K J，ZHANG R Q，TSUNG F，2007. Pushing quality improvement along supply chains[J]. Management Science，53(3)：421-436.

[125] KAPLAN R S，NORTON D，1996. Using the balanced scorecard as strategic management system[J]. Harvard Business Review，74(1)：75-85.

[126] KARAESMEN F，LIBEROPOULOS G，DALLERY Y，2004. The value of advance demand information in production/inventory systems[J]. Annals of Operations Research，126 (1)：135-157.

[127] DAS K，SENGUPTA S，2010. Modelling supply chain network：a quality-oriented approach[J]. International Journal of Quality and Reliability Management，27(5)：506-526.

[128] KRYSTEL K CASTILLO-VILLAR，SMITH N R，SIMONTON A L，2012. A model for supply chain design considering the cost of

quality[J]. Applied Mathematical Modelling,36(12):5920-5935.

[129] KULKARNI S, PRYBUTOK V, 2004. Process investment and loss functions: models and analysis [J]. European Journal of Operational Research,157(1):120-129.

[130] KULKARNI S, 2008. Loss-based quality costs and inventory planning: general models and insights[J]. European Journal of Operational Research, 188(2):428-449.

[131] KULKARNI S,2008. On a multi-product model of lot-sizing with quality costs[J]. International Journal of Production Economics, 112(2):1002-1010.

[132] LEE C H, RHEE BYONG-DUK, CHENG T, 2013. Quality uncertainty and quality-compensation contract for supply chain coordination[J]. European Journal of Operational Research, 228 (3):582-591.

[133] LI L, 2002. Information sharing in a supply chain with horizontal competition [J]. Management Science, 48(9):1196-1212.

[134] LIKER J K,CHOI T Y,2004. Building deep supplier relationships [J]. Harvard Business Review,82(12):104-113.

[135] LIN TIEN-YU,2010. An economic order quantity with imperfect quality and quantity discounts [J]. Applied Mathematical Modelling,34(10):3158-3165.

[136] MANISH B,MAYANK K P,CHETAN M,et al,2008. Designing an integrated multi-echelon agile supply chain network: a hybrid taguchi-particle swarm optimization approach [J]. Journal of Intelligent Manufacturing,19 (6):747-761.

[137] TIWARI M K, RAGHAVENDRA N,SHUBHAM A,et al,2010. A hybrid taguchi-immune approach to optimize an integrated supply chain design problem with multiple shipping [J]. European Journal of Operational Research,203 (1):95-106.

[138] NEIL H, 1996. Dynamic distribution planning techniques: progressive logisticsoptimization for manufacturers[J]. Logistics

Information Management,9(3):27-35.

[139] OUYANG L Y, WU KS, HO C H, 2006. Analysis of optimal vendor-buyer integrated inventorypolicy involving defective items [J]. International Journal of Advanced Manufacturing Technology, 29(11-12):1232-1245.

[140] PIETRO R, 2002. Impact of supply chain sensitivity to quality certification on quality management practices and performances [J]. Total Quality Management,13(7):981-1000.

[141] PRIEST G, 1981. A theory of consumer product warranty[J]. Yale Journal,(90):1297-1352.

[142] XIAO R B, CAI Z Y, ZHANG X H, 2012. A production optimization model of supply-driven chain with quality uncertainty [J]. Journal of Systems Science and Systems Engineering, 21(2): 144-160.

[143] REYNIERS D, TAPIERO C, 1995. The delivery and control of quality in supplier-producer contracts[J]. Management science, 41 (1):1581-1589.

[144] REYNIERS D J, TAPIERO C S, 1995. Contract design and the controlof quality in a conflictual environment [J]. European Journal of Operational Research, 82(2):373-382.

[145] ROBERT P, ARTHUR S, 1997. Optimal incentive contracting with ex ante and ex post moral hazards: theory and evidence[J]. Journal of Risk and Uncertainty, 14(2):169-188.

[146] RUSSELL C, THOMAS W R, 1985. Product warranties and double moral hazard[J]. Rand Journal of Economics, 16(1): 103-113.

[147] SALAMEH M K, JABER M Y, 2000. Economic production quantity model for items with imperfect quality [J]. International Journal of Production Economics, 64(1):59-64.

[148] STARBIRD S A, 2001. Penalties, rewards and inspection: provisions for quality in supply chaincontracts [J]. Journal of

Operational Research Society，52(1)：109-115.

[149] SEUNG H Y，DAESOO K，MYUNG-SUB P，2009. Economic production quantity model with imperfect-quality items，two-way imperfect inspection and sales return [J]. International Journal of Production Economics，121(1)：255-265.

[150] SHANG J S，LI S L，TADIKAMALLA P，2004. Operational design of a supply chain system using the Taguchi method，response surface methodology，simulation，and optimization[J]. International Journal of Production Research，42 (18)：3823-3849.

[151] SHARON M O，2010. Application of ahp and taguchi loss functions in supply chain [J]. Industrial Management and Data Systems，110 (8)：1251-1269.

[152] SINGER M，DONOSO P，TRAVERSO P，2003. Quality strategies in supply chain alliances of disposable items [J]. Omega：International Journal of Management Science，31(6)：499-509.

[153] LI S H，LIN B S，2006. Accessing information sharing and information quality in supply chain management[J]. Decision Support Systems，42(3)：1641-1656.

[154] CHIU S W，LIN H D，WU M-F，et al，2011. Determining replenishment lot size and shipment policy for an extended EPQ model with delivery and quality assurance issues [J]. Scientia Iranica，18(6)：1537-1544.

[155] XIAO T J，YANG D Q，SHEN H C，2011. Coordinating a supply chain with a quality assurance policyvia a revenue-sharing contract [J]. International Journal of Production Research，49(1)：99-120.

[156] TSOU J C，2007. Economic order quantity model and taguchi's cost of poor quality[J]. AppliedMathematical Modelling，31(2)：283-291.

[157] VON C E，1988. Economic product control by routine testing of small samples[J]. The Statistician，37(1)：333-34l.

[158] WEI S L，2001. Producer-supplier contracts with incomplete

information[J]. ManagementScience, 47(5):709-715.

[159] WIENGARTEN F, HUMPHREYS P K, CAO G, et al, 2010. Collaborative supply chain practices and performance: exploring the key role of information quality[J]. Supply Chain Management: An International Journal, 15(6):463-473.

[160] WANG X B, TANG W H, ZHAO R Q,2007. Random fuzzy EOQ model with imperfect quality items [J]. Fuzzy Optimization and Decision Making, 6(2):139-153.

[161] YEHEZKEL Y, 2008. Retailers' choice of product varietyand exclusive dealing underasymmetric information [J]. RAND Journal of Economics, 39(1):115-143.

[162] LIU Y, FANG S L, FANG Z G, et al, 2012. Petri net model for supply-chain quality conflict resolution of a complex product [J]. Kybernetes, (41):920-928.

[163] YUE D, SEAN X Z, XU Y F,2012. Competitive and collaborative quality and warranty management in supply chains [J]. Production and Operations Management,21(1):129-144.

[164] ZHANG G B, RAN Y, REN X L,2011. Study on product quality tracing technology in supply chain[J]. Computers & Industrial Engineering, 60(4):863-871.

[165] ZHANG H,2002. Vertical information exchange in a supply chain with duopoly retailers[J]. Productionand Operations Management, 11 (4): 531-546.

[166] ZHANG J L, CHEN J, 2013. Coordination of information sharing in a supply chain[J]. International Journal of Production Economics, 143 (1):178-187.